Eric Bagdasarian

L'étude de l'inefficacité du Processus

Eric Bagdasarian

L'étude de l'inefficacité du Processus

de l'enseignement de la Traduction en Français Dans les Universités Iraniennes (Book 1)

Noor Publishing

Imprint
Any brand names and product names mentioned in this book are subject to trademark, brand or patent protection and are trademarks or registered trademarks of their respective holders. The use of brand names, product names, common names, trade names, product descriptions etc. even without a particular marking in this work is in no way to be construed to mean that such names may be regarded as unrestricted in respect of trademark and brand protection legislation and could thus be used by anyone.

Cover image: www.ingimage.com

Publisher:
Noor Publishing
is a trademark of
Dodo Books Indian Ocean Ltd., member of the OmniScriptum S.R.L Publishing group
str. A.Russo 15, of. 61, Chisinau-2068, Republic of Moldova Europe
Printed at: see last page
ISBN: 978-620-3-85991-1

L'étude de l'inefficacité du Processus de l'enseignement de la Traduction en Français Dans les Universités Iraniennes

(Book 1)

By

Rédigée par: **Eric Bagdasarian**

Eric Bagdasarian

Content

CHAPITRE I

Introduction

1.1 L'histoire de la traduction et de son enseignement dans le monde

On pratiquait la traduction depuis longtemps. Chez les Sumériens et les Assyriens, la traduction était conçue comme un outil important leur permettant de communiquer avec d'autres civilisations. Les Grecs et les Arabes, pour leur part, ont constaté peu à peu l'importance de la traduction. Un bon nombre d'œuvres des écrivains et des philosophes grecs ont été traduites en arabe par des traducteurs iraniens qui étaient recrutés chez les Arabes. L'épanouissement de la traduction en Europe date du Moyen- Âge ; les européens utilisaient cet outil aux églises et au service de la traduction des textes religieux et des livres sacrés (A. Feyzollahi, 2005 : 120).

Il y a plus de deux mille ans que l'occupation principale des traducteurs est la question de l'éthique (Steiner, 1975 : 275) et le fameux dilemme : choisir entre la traduction mot à mot utilisée par saint Jérôme pour traduire l'Évangile et la traduction sémantique proposée par Cicéron et Horace. Après eux, des traducteurs comme Champollion et H. Meschonnic et parmi les contemporains, des critiques comme A. Berman, G. Mounin abordent ces deux types de traduction sous forme de l'opposition binaire et selon les diverses appellations.

Autrefois, la traduction était considérée comme un amusement qui ne requiert aucune formation spécifique, mais comme E. Valentine souligne (1996 : 17), après la création de la FIT (Fédération Internationale des Traducteurs) en 1953 et après la publication de la Charte des traducteurs à Dubrovnik, la traduction a possédé un titre à être admis, et elle a bénéficié d'un statut officiel grâce à cette Charte. C'est ainsi que le nombre de ceux qui prennent parti d'une formation rigoureuse des traducteurs a augmenté considérablement.

C'est en 1976 et au cours de la Conférence générale de l'Unesco à Nairobi que

la

nécessité de l'enseignement de la traduction a été annoncée officiellement. Selon le onzième article de la lettre de recommandation de l'UNESCO, la traduction a été considérée comme une *discipline autonome* et distincte de la linguistique qui demande une *formation spécialisée*. C'est aux universités et aux associations professionnelles de réaliser cette formation au moyen des programmes élaborés selon les besoins des futurs traducteurs (*Ibid*). Aussi, en 1980, a-t-on assisté à l'émergence de la traduction comme une discipline universitaire et autonome dans les pays anglophones (F. Mirzaebrahim Tehrani, 2011 : 62).

1.2 L'histoire de la traduction en Iran

Le développement de la traduction en Iran est du à deux mouvements : selon le premier, le mouvement rationaliste, qui est apparu à l'époque des Samanides, on devait mettre en priorité la communication et l'échange d'informations avec les Grecs. En effet, les Samanides étaient iraniens, ce qui encourageait des traducteurs iraniens à traduire des textes scientifiques et philosophiques connus dans le monde en leur propre langue.

D'ailleurs, simultanément au mouvement constitutionnel et sous le règne du roi Nasser-e din, la modernité motivait les traducteurs à traduire diverses œuvres littéraires afin de subvenir aux besoins culturels et spirituels. Si on jette un coup d'œil sur les œuvres traduites de cette époque, on peut constater que le nombre des œuvres européennes traduites est considérable et que le service rendu par des traducteurs à la langue persane pendant ces 60-70 années est sans précédent. (A. Feyzollahi, 2005 : 120)

Les premières interactions culturelles irano-françaises remontent au XVIIe siècle et aux premiers contacts entre les commerçants et les voyageurs iraniens et français.

L'établissement de Dar-ol Fonoun (maison des techniques) a joué un rôle brillant et essentiel dans la diffusion de la langue française et de la traduction de cette langue à la langue persane. Bien que les plus anciennes interactions culturelles entre ces deux langues datent du XVIIe siècle et des premiers contacts entre les commerçants et les voyageurs iraniens et français, mais l'établissement de Dar-ol Fonoun est sans aucun doute une révolution dans la traduction des textes français. Non seulement tous les enseignants européens de cette école devaient traduire leurs ressources éducatives en persan, mais, on demandait également aux enseignants iraniens de traduire en persan tous les livres étrangers qu'ils avaient lus, ce qui a beaucoup aidé au développement de la traduction, surtout de la traduction des textes français qui étaient au premier plan. A son tour, Francis Richard a fait beaucoup de recherches dans le domaine de la traduction français-persan et il a fait connaître de plus en plus le persan en France. Simultanément, sur l'ordre de Abbas Mirza , on a construit la première école d'interprète à Tabriz et la plupart des livres dédiés par Napoléon Bonaparte qui étaient principalement sur l'histoire (Histoire de Pierre le Grand, Histoire d'Alexandre, Histoire de Charles XII roi de Suède) ont été traduits en persan. (Nikkhah Bahrami et H. Baré Niya, 2011 : 30)

1.2.1 La Naissance de la discipline universitaire de la traduction en Iran

Jusqu'à l'ouverture de l'université de Téhéran en 1934, Dar-ol Fonoun dont la plupart des enseignants étaient français et des Iraniens diplômés de la France avait un rôle de premier plan dans la diffusion de la traduction des textes français en Iran. Au XXe siècle, après la Seconde Guerre Mondiale et l'Opération Ajax, l'autorité de la langue française s'est diminuée petit à petit en Iran. Mais en raison du développement croissant de diverses sciences et la nécessité de la connaissance et de la communication avec divers pays et cultures, la traduction de diverses langues et vice versa a pris une importance croissante.

D'une part, un besoin essentiel des traducteurs experts qui connaissent bien les méthodes de la transmission correcte des textes de la langue de départ vers la langue d'arrivée, en considérant toutes les caractéristiques stylistiques, syntaxiques et culturelles etc. et d'autre part, le progrès de différentes études comparées et structurales dans le domaine de la linguistique, de la psycholinguistique, des théories cognitives etc. ont causé les premiers pas pour l'éducation et la formation des traducteurs professionnels au niveau universitaire et ont affirmé la formation du traducteur « ayant pour but le passage de la traduction expérimentale vers la traduction scientifique » (A. Feyzollahi, 2005: 121) comme une discipline universitaire autonome en Iran.

1.3 Que veut dire la traduction ?

Comme le fait remarquer Fiolà[1] (2003 : 20-24), pour un ignorant en la matière, la traduction se limite au transfert d'un message d'une langue en une autre. Il appelle cette première acception, la *traduction au sens général*. Selon cette acception du terme « traduction », la traduction est une opération qui cherche à transférer un message d'une langue en une autre, quel que soit le vecteur. Cette opération comprend aussi bien la traduction de textes écrits que la « traduction » de discours oraux, ce qui aboutit à confondre la traduction à proprement parler et l'interprétation.

Contrairement à l'interprétation, dans la traduction de textes écrits, tous les paramètres de la situation de communication (locuteur, interlocuteur, circonstances, environnement, etc.) ne sont pas présents et le traducteur doit reconstruire la situation de communication permettant de saisir le contenu du texte de départ et l'effet que l'auteur tend à produire sur ses lecteurs. Connaître les lecteurs du texte traduit permet au traducteur d'utiliser des virtualités de la langue d'accueil pour produire le même effet chez eux.

Fiolà évoque également une deuxième acception du terme « traduction », appelée *la traduction résultat*, qui est compris comme tout texte résultant d'une opération de traduction. Du fait que notre objet d'étude n'est ni la traduction stricto sensu ni le texte traduit; nous n'aborderons plus cette deuxièmes acception.

La troisième acception du terme traduction, appelée *la traduction opération* implique la compréhension des différentes étapes du *processus de traduction* (Lederer 1994 : 213, cité par Fiolà, 2003 : 21) ou *du processus traductif* (Israël 1990 : 29, cité par Fiolà, 2003 : 21). L'utilité de cette compréhension réside dans

---

le fait qu'elle permet de décomposer le processus et de définir les compétences souhaitées chez le traducteur

[1] Professeur et didacticien canadien de la traduction à l'Université Ryerson (Toronto, Ontario), Département de langues et littérature françaises et espagnoles, Marco A. Fiolà, a fait sa thèse de doctorat (2003) sur la notion de programme en didactique de la traduction professionnelle. Ces domaines de compétence concernent les recherches sur le traitement des références culturelles, de la subjectivité et de l'implicite dans l'optique de la didactique de la traduction professionnelle, l'enseignement de la traduction, de la terminologie, de la lexicographie, de la grammaire française, de la linguistique et de l'interprétation en milieu social et la pratique de la traduction, de la révision et de l'interprétation. Il a publié de nombreux ouvrages et articles précieux dans le domaine de la didactique de la traduction, seul ou en collaboration avec d'autres spécialistes renommés du domaine comme Jean Delile et M. Cormier.

pour en faire des objectifs d'apprentissage. Pour construire une didactique, au vrai sens du terme, de la traduction, on doit comprendre la traduction opération et théoriser sur ce processus. Autrement, l'enseignement sera obscur, par tâtonnements ou strictement par l'exemple qui est la particularité des disciplines sans aucun fondement théorique.

1.4 La place de la traduction au carrefour des théories

Il est nécessaire de préciser le concept plurivoque de la traduction dans le cadre de notre présente recherche. Pour ce faire, il nous incombe d'analyser les assises et les notions de cette discipline en nous référant aux considérations des théoriciens et les phénomènes qui interviennent dans la définition qu'ils nous donnent de la discipline de la traduction.

Egan Valentine (1996 : 55) souligne que la théorie de traduction aborde la traduction sous un point de vue disciplinaire particulier (linguistique, communicationnel, philosophique, etc) et ainsi englobe-elle plusieurs disciplines y compris linguistique, communication, ethnologie, philosophie, sociologie, littérature, etc. Cela revient à dire que la traduction est typiquement le champs des études interdisciplinaires.

Selon Newmark (1982 : 19), ayant un sens très large, la théorie de la traduction forme nos connaissances sur le processus de traduction. De plus, elle favorise la traduction, la critique des textes traduits en fournissant un cadre de règles et elle apporte un arrière-plan permettant de résoudre des problèmes de traduction.

Pergnier (1981 : 255) évoque la spécificité de la traduction par rapport à la linguistique. Pour lui, de même que les théories linguistiques abondent, on trouve de nombreuses théories concernant la traduction.

Dans le *Grand Larousse de la langue française,* Mounin définit le mot «théorie», sous la vedette de *traduction.* Selon lui, la théorie désigne une construction structurée et systématique qui couvre notre connaissance sur un sujet donné à un moment donné. Cette construction a pour objectif de « *décrire de manière ordonnée, de classer et d'expliquer un ensemble de faits connus* » (Cité par Valentine, 1996 : 55). La théorie de la traduction met en évidence qu'il y a la cohésion et la systématicité des composantes de la traduction.

Catford (1965) considère la traduction comme une branche de la linguistique comparée, car pour trouver l'équivalent, le traducteur s'efforce d'examiner les divers aspects des deux langues concernées.

Il y a un consensus général parmi les théoriciens de la traduction (comme Brislin, 1976; Pergnier, 1981; Newmark, 1982; Bell, 1991, entre autres) qu'il n'existe pas une théorie unifiée de la traduction.

D'après Holmes (1977: 58), les théories de traduction sont « partielles », car elles abordent certains aspects de la traduction comme le produit et les qualités souhaitées, la fonction, des domaines d'application de la traduction, les processus en jeu et l'enseignement.

C'est alors que pour Gambier (1986 : 167), la théorie de la traduction vise à « systématiser le(s) processus que le traducteur suit pour accomplir son travail et les phénomènes ou problèmes régulièrement rencontrés ».

Selon lui, on peut aborder la traduction sous divers angles; on peut l'étudier du point de vue de la linguistique textuelle contrastive et comme texte, du point de vue de la linguistique formelle et comme modification du sens, comme dialogue des cultures, comme mécanisme exigeant des compétences ainsi que de multiples connaissances linguistiques, techniques, historiques.

Snell-Hornby (1988), pour sa part, s'est efforcée de mettre en place une théorie globalisante de la traduction qui aborde la traduction littéraire, la traduction de textes en langues spécialisées et en langue générale. De plus, elle met sous ces trois catégories une multitude de types de textes et des connaissances externes concernant sciences et techniques, sciences sociales, histoire et études littéraires. Elle aborde également la fonction communicative ou informative, la créativité et le respect des concepts ainsi que les domaines de la linguistique concernant la traduction, à savoir linguistique historique, langues de spécialité, linguistique du texte et grammaire contrastive. En même temps qu'elle souligne l'autonomie et l'indépendance de la traductologie, le traducteur et le théoricien de la traduction ont affaire, selon elle, à une activité où se croisent des disciplines, des langues et des cultures.

Quelques définitions

On trouve d'innombrables définitions métaphoriques et imagées de la traduction visant à illustrer le processus de la traduction, notamment la traduction d'œuvres littéraires. D'hulst (1990) passe en revue un grand nombre de ces images métaphoriques qui se trouvent dans des citations d'auteurs du XVIII siècle et qui nous donnent une image concrète de l'acte de traduire.

Comme D'hulst précise (1990: 70), Vaultier recourt à l'étymologie de la traduction pour désigner la nature de la traduction. Il considère la traduction comme une « espèce de transport ». Pour lui, la traduction est un procédé grâce auquel on peut transporter un message d'une langue dans une autre.

Delile, pour sa part, considère la traduction comme un «*commerce heureux* » qui permet d'enrichir la langue d'arrivée en important « *les trésors des langues étrangères* » (cité par D'hulst, 1990: 121).

Saint-Simon recourt à l'image métaphorique pour mettre en relief la question de la fidélité. Pour lui, le traducteur est assimilable à un copiste du tableau; de même que le copiste n'a pas le droit de modifier les couleurs et les traits du tableau original, le traducteur doit rester fidèle aux images et aux tournures figurées; au contenu et aux ponctuations du texte de départ. Pour lui, les points dans le texte jouent le même rôle que les contours dans le tableau (cité par D'hulst, 1990: 127).

En abordant la question d'intraduisiblilité des textes, Berman (1985 : 62) choisit également le discours métaphorique concernant la définition de la traduction. Il met en évidence l'analogie entre les deux types de transferts qui sont la métaphore et la traduction.

De telles images métaphoriques ne se bornent pas à l'étude de la traduction littéraire ou aux siècles précédents. Mounin (1994), de son côté, présente deux types de traduction ayant recourt aux images métaphoriques les « *verres transparents* » et les « *verres colorés* ». Les « *verres transparents* » désignent un texte traduit qui est naturel en langue d'arrivé et qui ne sent pas la traduction de sorte qu'il semble «*avoir été directement pensé puis rédigé* » en langue d'arrivée, c'est alors que les « *verres colorés*» désignent un texte traduit littéralement qui donnent au lecteur «*l'impression dépaysante de lire le texte dans les formes originales (sémantiques, morphologiques, stylistiques) de la langue étrangère* ». Les auteurs abordent ces deux types de traduction sous la forme de l'opposition binaire et selon les diverses appellations y compris traduction sémantique/traduction communicative (Newmark), *translationjccroert translation* (House), équivalence formelle/équivalence dynamique (Nida), *overt* ciblistes/sourciers (Ladmiral).

Bell (1991: 57) a recours à une métaphore filée pour désigner les trois démarches intellectuelles mises en jeu lors du processus de traduction qui sont lecture- compréhension-écriture. Selon cette métaphore, le texte de départ est comparable à un glaçon que l'on fait fondre. Dans son état liquide, la place des molécules se modifie. Puis, lors de l'expression des idées comprises dans une autre langue, on recongèle le liquide. Les molécules échappent et de nouvelles molécules remplissent les espaces. Le texte traduit est un nouveau glaçon, ayant le même contenu.

Comme R. Letafati et A. Sarrafan soulignent (2009 : 15), toute traduction requiert un choix et le traducteur, à son tour, est responsable de ce choix. L'importance de la traduction et son rôle crucial dans le monde actuel, n'échappent à personne. Beaucoup de théoriciens se sont penchés sur une définition qui puisse décrire cette opération si complexe. J.R.Ladmiral (1994 : 11, cité par R. Letafati et A. Sarrafan, 2009 : 15) considère la traduction comme une forme de « médiation interlinguistique» par laquelle on peut transmettre l'information entre les locuteurs ayant des langues différentes. Ce processus transmet « *un message d''une langue de départ (LD) ou langue -source dans une langue d'arrivée (LA) ou langue cible* ».

1.5 La traduction pédagogique (didactique)

Comme le fait remarquer Lavault (1998 : 79), la traduction universitaire a pour objectif de faire maîtriser la langue seconde, mais aussi la langue maternelle au moyen des exercices de « thème » et de «version». Elle vise également à faire acquérir la traduction. Bien que la plus évidente, cette visée a été longtemps négligée dans la pratique.

En effet, l'université s'est longtemps occupée du premier objectif et le manque de clarté des objectifs a mené à croire que les exercices susmentionnés sont suffisants pour apprendre la traduction Depuis quelques décennies, on assiste à l'émergence de l'enseignement de la traduction professionnelle, c'est alors que l'association de « l'enseignement » et de « la traduction » remonte au déluge. À l'heure actuelle, la traduction est encore conçue comme un moyen d'accès à la langue étrangère et classique.

Lavault (1998) compte parmi des chercheurs qui sont pour l'utilisation de la traduction pédagogique dans l'enseignement des langues étrangères. La traduction pédagogique est un nouveau genre, proche de la traduction professionnelle et différente, pour employer le terme de Fiolà, du « *psittacisme* » (2003: 24).

Cependant, il semble évident que « la traduction pédagogique » n'équivaut pas à « la traduction professionnelle » et qu'il faut se garder de les confondre. La traduction pédagogique est destinée à l'apprentissage des langues alors que la traduction professionnelle est une opération de communication et elle consiste à reconstruire le sens de l'énoncé original dans une autre langue.

Pour le didacticien des langues étrangères, la traduction est un moyen et non pas un objectif en soi. Pour dégager les différences existantes entre ces deux types de traduction, il semble utile de déterminer en quoi consiste la traduction pédagogique. Ce qui permettra de montrer combien les programmes de traduction professionnelle contiennent des exercices pédagogiques qui met en évidence à son tour une ressemblance avec les exercices utilisés en classe de langue.

Lavault, pour sa part, considère la traduction pédagogique comme « *un exercice ambigu, fort éloigné de la traduction professionnelle* » (1998: 4). En effet, la traduction pédagogique au lieu de la réexpression du sens de l'énoncé original qui est la mission de la traduction stricto sensu, se résume à la commutation des codes et à la littérarité.

L'apprentissage de la traduction professionnelle, comme le fait remarquer Fiolà (2003: 25), se distingue de l'apprentissage des langues étrangères par son finalité et delà, par sa démarche. En effet, le premier vise à conduire à une performance (un savoir-faire), alors que le second cherche à l'acquisition d'une langue étrangère (une compétence).

Il est à noter que cette confusion est due à ce fait que l'apprentissage de la traduction professionnelle est étroitement lié à l'apprentissage des langues. En effet, pour l'apprentissage de la traduction professionnelle, il faut connaître au moins une langue étrangère, mais l'inverse n'est pas vrai. De plus, il est illusoire de croire que pour pouvoir traduire, le fait d'être bilingue suffirait, l'idée qui prévaut encore chez beaucoup.

Pour Dancette, cette illusion découle du fait que la traduction était un moyen pour acquérir la langue cible. Selon elle, dans les cours [de langue], la traduction n'est pas le premier objectif et le professeur traduit *«quasi naturellement»*. Cela revient à dire que le professeur qui est « *peu conscient de la solidité de cette base»*, croit que pour devenir traducteur, il faut traduire ou que pour traduire vers la langue maternelle, il suffit de connaître une langue étrangère. (1992: 167)

En réalité, on évaluait les progrès des apprenants en langue au moyen de la traduction, ce qui a mené d'aucuns à concevoir à tort que celui qui maîtrise bien les langues traduit également bien.

À l'heure actuelle, il est un consensus général parmi les formateurs des traducteurs que la connaissance des langues est une condition nécessaire à l'apprentissage de la traduction, sans qu'ils ne soient équivalents. Cependant, l'examen des programmes universitaires de la discipline de traduction professionnelle en Iran montre bien que les techniques classiques de traduction pédagogique, à savoir « la version » et « le thème » sont encore présentes. Cela était également le cas des universités canadiennes jusqu'il y a quelques années. Cela revient à dire que la traduction professionnelle a évolué à partir de la traduction pédagogique.

Comme le fait remarquer Goffin, dans les programmes universitaires, la traduction est conçue comme « *un simple exercice d''acquisition de la langue, et non comme une discipline autonome* » (1971 : 57). Cela avait pour effet de sous-entendre que pours se séparer de cette approche héritière, il faut préciser la place qu'occupent les compétences linguistiques.

1.5.1 Un regard critique sur la traduction pédagogique (version et thème)

D'après Lavault (1998: 81), *la version* qui s'emploie encore permet de développer la compétence linguistique, mais pas de capacité discursive. En effet, l'apprenant traduit un texte fabriqué et artificiel et coupé de la situation de communication.

Comme le fait remarquer Ballard (1984: 21), la traduction pédagogique est considérée comme « *un moyen de contrôle*» ou comme « *une pratique empirique* ». Pour lui, elle doit être basée sur « *la réflexion et la systématisation*».

Dans son livre intitulé *Théorèmes*, Jean-René Ladmiral a analysé et critiqué les exercices de traduction et il a réagi contre « *la traduction comme procédure docimologique de contrôle et comme dispositif d'apprentissage* ». La critique qu'il en fait l'amène à préconiser de « *réhabiliter, non pas tant le thème et la version que la traduction* » (Ladmiral 1984: 42), de libérer la traduction de l'inféodation totale de l'institution pédagogique et de « *pratiquer en "séminaire de traduction" une simulation des situations réelles* [...]» (*Ibid.*: 43, cité par Lavault, 1998: 81).

Quant à Maurice Pergnier, il a reproché aussi à ceux qui « font comme si on traduisait une langue en une autre langue à travers un texte qui ne serait guère plus qu'un prétexte » (1993: 21).

1.6 La traduction professionnelle

Pour un ignorant en la matière, la traduction pédagogique et la traduction professionnelle sont une seule et même chose ; et comme Fiolà précise (2003 : 26), *le mythe* selon lequel pour traduire, il suffit d'être bilingue renforce cette illusion, mais en réalité, elles sont tout à fait différentes n'ayant pas le même but.

La traduction pédagogique vise à acquérir une connaissance élargie de la langue étrangère au moyen des exercices de compréhension et d'expression écrites. Cette traduction a comme objet d'étude la langue. C'est alors que dans la traduction professionnelle, la langue est « *un vecteur de communication, un des matériaux à partir desquels travaille le traducteur* » (Fiolà, 2003: 26). La traduction professionnelle implique la connaissance des deux langues concernées qui seront développées au fil des expériences professionnelles du traducteur.

La traduction professionnelle a pour but de relier l'émetteur original du message à son récepteur final et de « *faire le pont entre deux entités incapables de se comprendre mutuellement en raison de la barrière linguistique qui les sépare* » (Fiolà, 2003: 27).

C'est seule la traduction professionnelle qui mérite le nom de traduction et

Ladmiral (1994: 41), pour sa part, la considère comme une vraie traduction à des fins de communication en l'appelant « traduction traductionnelle ». De plus, elle est «professionnelle », car elle permet à ceux qui la pratiquent d'assurer leur subsistance.

La traduction professionnelle se divise en fonction de la typologie des textes traduits, en deux sous-catégories: la traduction littéraire et la traduction de textes pragmatiques.

Pour Delisle (1980: 22), les textes pragmatiques sont destinés à faire passer une information. Leur aspect esthétique étant alors marginal, leur composante essentielle est le contenu.

Tout comme Delisle, pour Goffin (1971: 60), les textes pragmatiques servent avant tout à « *l''expression objective de faits observables* », mais ils ne sont pas dépourvus de forme. Cette dernière n'étant pas primordiale par rapport au contenu peut être au service de l'objet traité.

Ces textes se subdivisent, à leur tour, en diverses catégories : informatif, journalistique, incitatif, etc. On peut dire en somme que tout texte qui relève des domaines technique, scientifique ou juridique, fait partie des textes pragmatiques.

Dans son livre intitulé *La traduction raisonnée*, Delisle (1993: 47) défini ainsi le texte pragmatique : Pour lui, celui-ci est destiné essentiellement à véhiculer une information et son aspect esthétique n'est pas primordial. Ces types de textes se distinguent des textes littéraires comme poème ou roman par leur nature et leur fonction.

Delisle reprend cette définition en partie dans son livre intitulé *la Terminologie de la traduction*. Cette fois, il met en évidence une autre caractéristique des textes pragmatiques. Pour lui, les informations véhiculées par ces textes sont précaires.

Il est à noter que quand on insiste sur la dominance de l'aspect informatif du texte pragmatique, cela ne signifie pas que ce type de texte est dépourvu de forme.

Pour Israël (1990: 31), bien que le texte littéraire ne transmette pas, comme le texte pragmatique, « *une information concrète aux retombées prévisibles* », il n'est pas démuni de sens mais il transmet « *un vécu, un regard sur le monde, de vérités morales, universelles, intemporelles et de valeurs esthétiques* ».

Ce qui distingue le texte pragmatique des autres types de textes et entre autres du texte littéraire, c'est la priorité qu'il accorde à la fonction informative. De plus, les informations véhiculées par des textes informatifs sont fugitives, c'est alors que les textes littéraires n'ont pas d'expiration. Il n'en demeure pas moins que les textes de loi sont durables. De plus, ne sont pas rares les œuvres littéraires qui n'ont pu persister. Ce qui met en question la pertinence du critère de durabilité comme critère déterminant d'une typologie de textes et qui rend de plus en plus important la dominance de l'aspect esthétique et de l'aspect informatif du texte comme le véritable critère déterminant.

1.6.1 Traduction professionnelle et rejet du Thème

Comme le précise Lavault (1998 : 83), les traducteurs professionnels ont comme principe de travail de traduire vers la langue maternelle et de ne traduire vers la langue étrangère que dans certains cas, comme quand le texte traduit aura une diffusion faible ou quand celui-ci sera révisé par un locuteur natif.

Les apprenants qui n'ont pas encore les compétences traductives requises ne peuvent présenter des traductions satisfaisantes en langue étrangère. Le thème, technique classique de traduction pédagogique, est un exercice de production écrite dont on peut redéfinir les modalités. On peut l'employer également dans la traduction professionnelle des genres standardisés et clichés comme la correspondance commerciale ou certains documents techniques normalisés. Néanmoins, l'apprenant doit acquérir tout d'abord une compétence traductive vers la langue maternelle.

1.7 Problématique

L'idée de faire une thèse portant sur l'enseignement de la traduction est née des réflexions que nous ont inspirées nos expériences en tant qu'étudiante de traduction, il y a 10 ans, ainsi que notre pratique actuelle de l'enseignement du français.

Il y a une cinquantaine d'années que la discipline de la traduction en français est enseignée en Iran comme une discipline universitaire autonome. Actuellement, les Universités Al-Zahra, Allameh Tabatabaï, Tarbiat Modarres, l'Université de Téhéran, l'Université Ferdowsi de Mechhed, l'Université Azad islamique (Unité de sciences et de recherches), Azad islamique de Téhéran (Unité centrale), l'Université Azad d'Arak et l'Université Azad de Mechhed proposent ladite discipline en licence et en master.

L'objectif de cette discipline universitaire est la formation des traducteurs experts et compétents qui puissent, après avoir terminé leurs études, entrer facilement dans le marché de divers types de traduction.

Mais, ce dont nous sommes témoins en réalité, c'est que cet objectif n'est souvent pas réalisé et que la plupart des étudiants en traduction, après quatre années d'études en licence, n'acquièrent pas le niveau satisfaisant pour exercer professionnellement la pratique de la traduction ; et parmi les diplômés en cette filière, rarement, quelqu'un devient traducteur au vrai sens du terme.

En pédagogie ou sciences de l'éducation, on considère trois pôles essentiels qui constituent les éléments de base de tout processus de formation: le savoir à acquérir, l'apprenant et le formateur. C'est, en effet, l'interaction entre ces éléments qui crée des situations didactiques de l'enseignement/apprentissage. En s'inspirant de la terminologie de Houssaye (1988), Fiolà utilise le terme de « triangle pédagogique » pour représenter ces éléments (2003: 111).

Pour ce qui est de la formation en traduction, Kautz (2002), spécialiste en ce domaine, représente les trois facteurs " l'enseignant, l'apprenant et le contenu d'enseignement " comme les axes principaux de l'enseignement de la traduction.

Dans la présente recherche, nous nous efforcerons d'étudier ces trois facteurs constitutifs de la formation en traduction, en vue de relever les raisons de l'inefficacité de cette formation universitaire en Iran. Donc, nous reformulons la problématique de notre travail de recherche comme suit:

*** **En quoi consiste la défaillance des étudiants iraniens dans la pratique de la traduction en français?**

1.7.1 Questions de recherche :

1. En quoi le curriculum universitaire iranien de la licence en traduction, ne peut-il pas subvenir aux besoins de l'étudiant en cette discipline ?
2. Quelle est l'origine de l'incompétence des étudiants iraniens en traduction français- persan, dans la mise en œuvre des traductions réussies ?
3. En quoi les compétences et les expériences des professeurs iraniens de traduction ne s'avèrent-elles pas efficaces dans la formation de traducteurs à l'université ?

1.7.2 Hypothèses de recherche :

1. Certaines lacunes dans le plan de cours de ce curriculum, à savoir le temps et les unités de valeur insuffisantes consacrés à certains cours, ou l'absence des cours importants, ainsi que le non-respect de l'antériorité ou de la postériorité des cours, nous mènent à juger que ce programme, qui n'est pas révisé profondément depuis 1990, ne subvienne pas aux besoins des étudiants de traduction.
2. Le manque de motivation et d'esprit de recherche, la connaissance imparfaite du

français et notamment du persan, et l'insuffisance des connaissances générales des étudiants en traduction français-persan, justifient leur échec dans la mise en œuvre des traductions réussies ; ce qui est due tant au programme de formation qu'à l'étudiant lui-même.

3. Dans la plupart des universités, les cours de traduction sont assurés par les professeurs n'ayant pas assez d'expérience pratique dans le domaine de la traduction professionnelle ; cela nous mène à présupposer que ces derniers ne mettent pas en place un enseignement réussi de la traduction.

1.8 Méthodologie et corpus

Notre recherche, s'appuie sur des théories appartenant au champ de la didactique de la traduction. Nous somme inspirée des travaux des spécialistes reconnus de ce domaine comme J. Delile (1981b, 1984b), D. Kiraly (1995, 2000), E. Valentine (1996),
E. Lavault (1998), J. C. Gémar (1992, 1996) et plus particulièrement M. A. Fiolà et les autres.

La méthodologie adoptée étant à la fois descriptive et analytique, se base d'une part sur l'analyse descriptive du syllabus des cours du curriculum universitaire du cycle de licence en traduction en français, et de l'autre, sur des études de terrain effectuées par le biais des questionnaires adressés aux étudiants et aux professeurs de traduction en français dans les universités iraniennes. Les résultats obtenus seront regroupés afin d'extraire la conclusion qui conviendrait.

Pour procéder à notre **analyse descriptif du contenu du programme de formation en traduction**, il nous incombe de nous baser sur une typologie classificatoire des cours. C'est alors celle présentée par Fiolà que nous avons choisie pour répertorier les cours du curriculum iranien de cette discipline. Cette répartition, nous permettra de relever les lacunes existantes dans le plan de cours de la discipline de traduction dans les universités de notre pays.

Concernant notre étude de terrain, nous avons adopté une méthodologie descriptivo-analytique à la fois qualitative et quantitative. Pour ce faire, 112 étudiants en traduction en français ont été soumis à notre test. Le contenu du premier questionnaire, utilisé comme outil de recherche pour interroger ces étudiants, est élaboré de façon à nous permettre, non seulement d'identifier leurs points faibles selon les principes cardinaux dans la pratique de la traduction, évoqués par Gémar et d'autres spécialistes du domaine de la traduction, mais aussi d'examiner le rôle de l'étudiant, sa contribution et son effort (comme le préconise Kiraly pour l'étudiant en traduction) afin de surmonter ces lacunes et ses faiblesses.

Ce questionnaire a été distribué entre 112 étudiants en deuxième, troisième et quatrième année de licence en traduction en français dans les universités iraniennes. Les questions ont été posées sur les échelles de Likert de quatre choix de réponse (toujours- souvent- parfois- jamais ; parfaitement- assez- très peu- pas du tout ; etc.) ou de trois choix de réponse (c'est vrai- c'est en partie vrai- c'est faux ; oui- quelque peu- non) et la fiabilité des questions posées a été mesurée et approuvée d'après le coefficient alpha de Cronbach (avec une valeur alpha de 0.698). Les données obtenues de la distribution du questionnaire ont été analysées d'après le logiciel Excel.

Pour ce qui concerne les formateurs de traduction , l'outil de notre analyse était un questionnaire, qui nous servait à interroger les professeurs de traduction des universités iraniennes, sous cinq rubriques importantes abordées par Fiolà (2003) , dans le but de caractériser leur profil et leur acte dans l'enseignement de cette discipline. Ces rubriques se sont présentées comme suit :

- *1. Formation, études et expérience*
- *2. Démarches pédagogiques adoptées en classe de traduction*
- *3. Sélection de textes utilisés en classe (exercices, travaux notés, examens)*
- *4. Modes d''évaluation*
- *5. Contenu du cours*

1.9 Antécédents de la recherche

Parmi les pays du monde, le Canada, étant un pays bilingue, traite plus profondément la question de l'enseignement et la didactique de la traduction par rapport au reste du monde. Beaucoup d'articles et de publications ont éclairé ce domaine de la recherche depuis les trois dernières décennies. En tant que prédécesseurs des chercheurs qui ont puisé dans la didactique de la traduction, on peut mentionner tout d'abord Daviault (1936, 1941) qui est connu comme le premier fondateur du cours de traduction professionnelle à l'Université d'Ottawa. Viennent ensuite, Vinay et de Darbelnet qui en s'inspirant des travaux de Malbalan ont écrit en 1958 " *La stylistique comparée du français et de l'anglais* ". Ces deux chercheurs ne se sont pas contentés des théories existantes. Mais, s'appuyant sur la réalité, ils ont employé des textes traduits par des traducteurs experts pour les comparer ensuite avec des textes sources. Initialement descriptive, la théorie de la traduction est devenue explicative et son emploi principal résidait dans les universités. (F. Mirzaebrahim Tehrani, 2011: 56-57).

Un autre chercheur qui s'est efforcée de fournir une méthode de formation appropriée pour la traduction, était Jean Delisle. Ce denier dans son livre intitulé " *L'analyse du discours comme méthode de traduction*" a partiellement atteint cet objectif. Parmi d'autres chercheurs canadiens qui ont apporté leur contribution dans l'optimisation de l'enseignement de la traduction, on doit citer Gémar (1970) et Cormier (1986, 1990b, 1990c) qui ont traité respectivement, la question de l'enseignement de la traduction spécialisée et technique. En dehors du Canada, et parmi les recherches plus récentes dans ce domaine, les travaux précieux d'autres auteurs, comme Newmark (1988), Nord (1991b), Ballard (1993), Pym (1993) et surtout Kiraly (1995, 2000) méritent bien d'être mentionnés.

Signalons que les recherches effectuées dans le domaine de la didactique de la traduction, servies de base théorique à notre présente étude, seront abordées dans les chapitre III et IV afin d'en présenter, plus amplement, les apports et les principes.

1.9.1 Recherches effectuées en Iran

En Iran, le vide de la recherche sur l'optimisation des méthodes de l'enseignement de la traduction se faisait sentir pendent longtemps et concernant la langue française, ce vide était encore plus profond. Peu d'articles ont été publiés sur la critique du système d'enseignement de la traduction et peu d'entre eux ont atteint le résultat recherché.

On pourrait considérer l'année 2003 et la publication du premier numéro de la revue trimestrielle "Translation Studies" comme un point tournant dans les recherches et les études relatives à ce domaine. Dans la même année, H. Molanazar dans son article publié dans ladite revue (2003 : 7-26) s'est penché sur le statut actuel de l'enseignement de la traduction en Iran et il a contesté le choix de la dénomination " la formation du traducteur " pour le cycle de master en proposant celle-ci : " les études en traduction". Il a jeté un coup d'œil sur les universités qui proposaient les langues française et allemande et il a traité en détail la discipline de la langue anglaise ainsi que le statut de l'enseignement de cette discipline dans les universités.

Dans le même numéro de ladite revue, A. Miremadi (2003: 53-63) en énumérant quelques points concernant les qualités d'un bon traducteur, a proposé un programme pour la discipline de la traduction en anglais en licence et en master.

Mais pour ce qui est de la discipline de la traduction en français, on peut mentionner l'article de F. Mirzaebrahim Tehrani (2003, 89-94) qui énumère certaines lacunes existantes dans l'enseignement de la traduction en Iran et qui insiste sur la simultanéité de l'enseignement de la langue et des techniques de la traduction comme un problème dans le programme universitaire de cette discipline et qui présente une série de propositions visant à améliorer l'enseignement de cette filière.

A. Feyzollahi (2005, 119-132) s'est penché sur le rôle des théories de la traduction dans l'enseignement de la traductologie et il a évoqué des opinions générales sur la traduction et son enseignement, la traduisibilité, l'intraduisibilité et la relativité de la traduction.

A. Forghani et M. Dustizadé (2011: 47-66) ont étudié et évalué la catégorie de l'erreur dans le domaine de la traduction comme un facteur permettant d'optimiser l'enseignement de la traduction de la langue allemande.

Dans son article publié dans la revue "Traducteur", B. Ghonsouli (1991: 3-7) croit que le problème essentiel de l'enseignement de la traduction réside dans le manque d'un plan doté de bases théoriques ainsi que dans l'absence d'un programme pratique cohérent pour différents niveaux éducationnels. En s'appuyant sur les principes de l'apprentissage de la langue maternelle, il a proposé un cadre théorique que l'on pouvait employer dans la planification de l'enseignement des cours de traduction ainsi que dans la composition des manuels.

Mais concernant la langue française, M. Bahram Beygui (2012) a mené une étude sur le syllabus de la discipline langue française et en indiquant les caractéristiques souhaitables à respecter lors de l'élaboration de ce dernier, elle a conclu que les syllabus actuels avaient un grand besoin de révision.

1.10 Objectif de la recherche et sa nouveauté

Comme cela ressort de ce qui précède, en Iran, les problèmes de l'enseignement de la traduction en français n'ont pas été traités sérieusement, méthodiquement et profondément. Certains points de vue avancés sont très personnels et en général, ils n'ont pas été obtenus sur la base d'une recherche cohérente, scientifique et organisée.

Quant à la langue française, le problème est encore plus sérieux, car comme nous l'avons déjà vu, peu d'études ont été faites sur ce sujet et à part l'une d'entre elles, qui se penche sur le syllabus, le reste se limite à exprimer des idées sur la base des expériences personnelles. L'étude des problèmes de l'enseignement de la traduction en français n'a jamais fait l'objet d'une thèse universitaire et le vide d'une recherche approfondie te méthodique dans ce domaine se fait clairement éprouver.

La nouveauté de notre recherche réside dans le fait que nous avons étudié simultanément, pour la première fois, tous les trois enjeux principaux de l'enseignement de la traduction en français, à savoir le contenu, les formateurs, et les apprenants. Cette étude nous a permis d'accéder à une vue synthétique plus complète, concrète et globalisante sur l'état actuel de la formation universitaire de la discipline de traduction en français dans notre pays.

Notre préoccupation majeure, dans cette recherche, consiste à mettre en lumière, tous les trois pôles qui entrent en jeu dans le processus de l'enseignement de la traduction en français dans les universités de notre pays (curriculum, étudiant et professeur) ; afin d'étudier les lacunes et problèmes touchant à chacun d'entre eux, et étant en l'occurrence, la cause de défaillance de cette discipline. Nous proposerons, ensuite, quelques remédiations dans l'espoir d'améliorer notre système de l'enseignement universitaire de la traduction.

1.11 Répartition des chapitres

Conformément au règlement de l'Université Tarbiat Modares, la présente thèse comprend cinq principaux chapitres qui seront présentés dans les paragraphes qui vont suivre:

Le premier chapitre, chapitre présent, porte sur les généralités de notre recherche. En premier lieu, nous avons mis en place, un bref historique de la traduction et de son enseignement dans le monde et dans notre pays. Cet aperçu nous fournit l'éclairage historique nécessaire à la compréhension du contexte actuel de la formation en traduction , envisagée comme une discipline universitaire.

En deuxième lieu, nous avons fait état de divers regards portés sur la traduction, pour en mettre au jour, d'abord, les différentes acception et ensuite, les deux facettes de sa pratique, c'est-à-dire la traduction pédagogique et la traduction professionnelle, en vue d'en présenter les caractéristiques et les différences, à la lumière des acquis des théoriciens du domaine de la formation en traduction, entre autres, Ballard (1984), Ladmiral (1984, 1994), Dancette (1992), Lavault (1998), Fiolà (2003), et les autres.

En dernier lieu, nous avons essayé de présenter notre problématique de recherche ainsi que les questions et hypothèses qui en découlent. Le reste du chapitre est consacré à la présentation de la méthodologie, des antécédents de la recherche et de l'objectif que nous nous sommes défini préalablement pour mener à bien ce travail de recherche.

Le deuxième chapitre, s'ouvrira sur les théories générales de la traduction. En fait, la synthèse de ces discours théoriques nous permet d'identifier, pour chacune de ces théories, les notions de base qui servent à représenter l'activité traduisante.

Dans notre **troisième chapitre,** formant le cadre théorique de notre travail de recherche, nous nous pencherons sur le concept de la pédagogie en général, et de la didactique de la traduction en particulier. Nous approuverons dans ce chapitre, la possibilité et la nécessité de l'enseignement de la traduction, pour en définir ensuite les deux enjeux essentiels, c'est-à-dire l'étudiant et le formateur.

Ce chapitre portera également, sur la mise en application des théories de la 22 traduction ainsi que les approches appliquées dans la didactique de cette discipline. Dans le cadre de ce chapitre, nous aborderons la formation en traduction sous l'angle des approches en pédagogie de cette discipline qui coïncident des considérations théoriques ou pédagogique mises en œuvre à son enseignement universitaire. Nous présenterons alors, les travaux des auteurs et des pédagogues qui se préoccupent spécifiquement de l'enseignement de la traduction.

Le quatrième chapitre constituera la partie analytique de notre présente étude. Une fois le cadre théorique défini dans le chapitre précédent, nous serons, dans ce chapitre, dans la mesure de présenter notre étude de terrain réalisée en vue de porter les éléments de réponse aux questions posées préalablement dans l'introduction de notre travail de recherche. Ce chapitre portera sur les trois axes (ou pôles) principaux de l'enseignement de la traduction.

Dans un premier temps, nous examinerons le contenu du programme universitaire de la traduction en français, soit les cours et les parcours associés au programme de licence en traduction en Iran. Cela impliquera de nous référer avant tout, aux définitions du syllabus à proprement parler, et de dégager les classifications mises en œuvre des cours du programme universitaire de la traduction au Canada, afin de mettre en lumière, par la suite, les lacunes existantes dans le contenu universitaire de cette discipline en Iran. Les résultats obtenus de cette analyse, nous fourniront la réponse à la première question de notre recherche.

Dans un deuxième temps, nous tenterons d'examiner, d'une part, la situation actuelle des étudiants en traduction en français, considérés comme l'axe central de l'enseignement de cette filière dans les universités iraniennes ; et de voir, de l'autre, dans quelle mesure, ils possèdent les caractéristiques nécessaires pour devenir un traducteur compétent en vue d'identifier les manques qui les concernent eux-mêmes. Au terme de cette analyse, nous serons capable de répondre à la troisième question de notre recherche.

Finalement, dans le cadre de ce même chapitre, pour trouver la réponse à notre deuxième question de recherche, nous chercherons, à comprendre dans quelle mesure les compétences et les expériences du professeur de traduction interviennent dans la formation des traducteurs. Nous nous engagerons, en d'autre terme, à savoir si les formateurs de traduction, dans les universités iraniennes, agissent d'une manière efficace pour former de bons traducteurs.

L'analyse des données obtenues lors de ces trois phases de notre recherche sera abordée en détail dans le **cinquième chapitre**, c'est-à-dire celui de conclusion. Le résultat de ces analyses nous aidera à établir le bien-fondé de nos hypothèses avancées dès le début de notre travail de recherche et à porter les réponses à nos trois questions principales. Ce dernier chapitre clora enfin, sur des perspectives de futures recherches qui pourraient intéresser d'autres chercheurs dans le domaine de la didactique de la traduction.

CHAPITRE II

Théories de la traduction

2.1 Pour introduire

La traduction est le point de rencontre des disciplines voisines et divers problèmes se posent dans son processus. Nous devons maintenant identifier les grandes orientations assumées par les théoriciens de ce domaine et en dégager les grandes lignes. Des écrivains, des philosophes, des bilingues spécialisés dans divers domaines scientifiques, etc. s'occupaient de la traduction, mais leurs réflexions, toutes, ne sont pas systématiques. Avant le déclenchement de la seconde guerre mondiale, la traduction était conçue comme un don inné ou un art.

William Weaver est le premier à apporter la réflexion contemporaine à l'édifice de la traduction. Les approches théoriques, comme R. Letafati et A. Sarrafan les présentent, (2009: 43-52) se divisent en cinq catégories:

« 1. Approches basées sur des théories linguistiques: structuralisme, linguistique pragmatique, linguistique du texte.

2. Approches basées sur des théories littéraires: "Translation Workshops" aux Etats-Unis (Ezra Pound). "Polysystem theory. ("manipulation school"), l'Ecole tchèque .

3. Approches basées sur des théories philosophiques; ex: Steiner (Heidegger), Paepcke et Stolze (Gadamer), Benjamin, romantiques allemands.

4. Approches basées sur la pratique: Ecole de Paris: Seleskovitch, Lederer, ESIT.

5. Approches empiriques basées sur l'examen des procédures de traduction (Krings, Loerscher).»

Ici, il n'est pas question de recommencer le travail de ces auteurs. En fait, les approches théoriques sont répertoriées pour que nous puissions en tirer les idées principales faisant fonction d'arrière-plan à notre objet d'étude, c'est-à-dire la formation du traducteur.

Au fur et à mesure que nous pénétrons dans ce domaine qui n'est pas le nôtre (le nôtre étant plutôt la didactique de la traduction), nous nous pencherons sur les concepts suivants : l'équivalence, l'unité de traduction, la traduction comme acte de communication, la linguistique du texte, et la traduction envisagée comme processus.

2.2 Linguistique structurale et traduction automatique

Weaver a joué un rôle pionnier en matière de la traduction automatique. Pour lui, la langue est un code et la traduction est une opération de transcodage qui peut être réalisée entièrement par des programmes informatiques sans que le traducteur humain n'ait à intervenir. Cette prise de position vient de ce fait que durant la guerre, il transcodait à l'aide d'ordinateurs des messages secrets ennemis (R. Letafati et A. Sarrafan, 2009)

2.2.1 Concept d'unité de traduction

La phonétique structurale a pour objet d'étudier les sons du point de vue de leur fonction dans la communication et de les distinguer grâce à l'analyse en traits distinctifs. Le même type d'analyse peut être mené en sémantique structurale au niveau du lexique. L'analyse sémique apporte un critère d'évaluation selon lequel, la fidélité est estimée à travers la quantité des traits de signification ou sèmes communs entre les termes de deux langues concernées.

2.2.2 Le syntagme et la phrase comme unité de traduction

Les résultats obtenus de la recherche sur le « mot » étaient insuffisants. C'est ainsi que les chercheurs ont dû élargir leurs recherches au niveau du syntagme et de la phrase. Catford, pour sa part, pose l'équivalence au centre de la pratique et de la théorie de la traduction. Pour lui, établir l'équivalence ne se limite pas à chercher le « mot juste » dans la langue cible, mais d'établir les « translation equivalents » utilisés dans des situations identiques (cité par R. Letafati et A.

Sarrafan, 2009: 45). C'est pour le choix du concept de situation que la définition de Catford annonce la pragmatique. Il distingue deux types d'équivalence : l'équivalence textuelle et la correspondance formelle.

Le concept d'équivalence entraîne naturellement un développement dans la définition de celui d'unité de traduction. Pour Van Hoof (1989 : 87), l'unité de traduction « [...] *est le plus petit assemblage de mots qui contribuent à l'expression d'un seul segment de pensée et dont le degré d'interdépendance est tel qu'ils ne peuvent se traduire séparément sous peine de modifier ou d'annuler le sens du message.* » (cité par
E. Valentine, 1996: 67)

D'après Van Hoof, l'utilité de l'identification des « segments de pensée » réside dans le fait qu'elle contribue à l'analyse fouillée du texte, laquelle faisant partie du processus de compréhension.

Abondant dans le même sens, Vinay et Darbelnet estiment que l'unité de traduction c'est le texte même. En classant les différentes procédures utilisées lors des opérations traduisantes, ils ont dégagé sept procédures de traduction.

D'ailleurs, il y a des auteurs qui nient toute utilité de ce concept, parmi lesquels nous pouvons citer Newmark (1982) pour qui l'unité de traduction est très théorique ou très arbitraire. Selon lui, en cas de difficulté, le traducteur décontracte l'unité de traduction et en cas de traduction à partir du concept, il la contracte.

Pour Snell-Hornby (1988: 22), en plus de manque de clarté, ce concept présente l'inconvénient de montrer l'illusion de la symétrie des langues, ce qui constitue l'écueil principal de l'application de ce concept. En effet, on sait que les langues ne sont pas isomorphes et que l'on ne peut faire fond sur l'existence d'équivalences terme à terme.

2.3 La pragmatique

Mise de l'avant par J.-L. Austin et J. Searle, la linguistique pragmatique part du principe outre que le contenu sémantique : le sens d'un énoncé est aussi tributaire de la situation d'énonciation. De plus, la langue sert à réaliser une série d'actes, ce que J.-L. Austin appelle les actes de langage. Pour eux, la valeur illocutoire qui varie selon la situation doit être prise en compte et traduite convenablement.

2.4 La linguistique du texte

Avant la naissance de la linguistique du texte, c'était la linguistique structurale qui régnait. Selon cette dernière, dite aussi la linguistique contrastive, les langues sont différentes ; ce qui donne lieu à opposer deux systèmes linguistiques différents. Mais la linguistique structurale donne petit à petit sa place à la linguistique du texte qui a pour objet d'étude, comme son nom l'indique, le texte. Cette évolution ne peut manquer d'avoir des conséquences sur la conception de la traduction. En effet, la linguistique du texte met en évidence que le traducteur ne traduit que l'énoncé et qu'un seul mot peut avoir plusieurs significations étant étroitement liées au contexte.

De plus, selon la théorie du sens mise de l'avant par Heidegger, c'est dans la compréhension du récepteur qui réside le sens du texte et pas dans le texte lui-même. La théorie de la traduction est dans le même cadre épistémologique que la théorie actionnelle, selon cette dernière, le sens de toute activité est tributaire de sa finalité.

Il est à noter que les concepts d'unité de traduction et d'équivalence sont le miroir des obsessions des linguistes qui en fournissant des méthodes, basées sur les *faits observables*, tentant de prendre leur distances par rapport au courant mentaliste.

2.5 La théorie du Skopos

On peut constater que cette évolution dans la réflexion théorique soumet également la démarche traduisante à son influence. On a quitté les stratégies *du bas vers le haut* (*base-sommet*) au profit des stratégies *du haut vers le bas* (*sommet-base*). En effet, selon cette théorie, il incombe à tout traducteur, avant de se pencher sur la question de l'équivalence, de trouver la fonction du texte à traduire ou encore son
« skopos », le terme introduit par Katharina Reiss et Hans Vermeer (1984) dans un livre intitulé *Fondements d'une théorie de la traduction*.

Il s'agit donc d'une fonction prospective assignée au texte cible qui dépend implicitement du type de texte et explicitement des attentes et des besoins du client ou du donneur d'ouvrage. En ce qui concerne les types de textes, reprenant les trois fonctions fondamentales du langage préconisées par Karl Buehler, Katharina Reiss propose une typologie qui en distingue trois types particuliers : texte informatif, texte expressif et texte incitatif (R. Letafati et A. Sarrafan, 2009 : 46). À ces derniers correspondent des fonctions spécifiques et par conséquent des stratégies traduisantes différentes. De plus, selon les besoins et les attentes du donneur d'ouvrage et des récepteurs ciblés, la fonction assignée par l'auteur original du texte source peut être identique ou différente de celle du texte cible.

2.6 La traduction comme acte de communication

La traduction ne se réduit en aucun cas à un simple transcodage, mais elle consiste à recréer le message (le texte à traduire) en fonction de la situation de communication dans laquelle il s'inscrit.

Parmi les auteurs qui mettent en évidence la nécessité du recours au contexte dans l'interprétation du message, nous pouvons citer Wilss (1985) qui considère la traduction comme un processus de changement de code (le réencodage). De son point de vue, la traduction requiert une compréhension linguistique et

extralinguistique du contexte du texte source.
L'interdépendance du sens d'un message à son contexte mène les chercheurs à prendre en considération l'aspect communicatif de la traduction.
D'ailleurs, la mise en opposions de la linguistique de la langue à la linguistique de la parole a eu des répercussions très concrètes sur la conception de la traduction. Cette opposition a mis en évidence l'aspect communicatif de la traduction et a fait prendre conscience du fait que la traduction est un acte de communication, ou plus précisément une *recommunication*, le terme inventé par Roberts (1981).
Abondant dans le même sens, Goffin (1971: 60, cité par Valentine, 1996 : 70) illustre bien la corrélation des éléments de la situation de la traduction, lorsqu'il écrit ce qui suit: «À l'aide du système sémiologique et sémantique de la langue de départ (LD), le 30 locuteur A transmet une communication C^1 relative à une situation de la réalité. Le traducteur, dans son rôle de premier récepteur, est saisi du message C^1 et procède à une translation en se référant ou non à la réalité, après quoi, en se servant du système de la langue d'arrivée (LA), il forme une nouvelle communication C^2, laquelle est reçue par le destinataire B, qui établit à son tour une corrélation entre C^2 et la réalité à l'aide du système LA.»
Pour sa part, Tatilon (1986: 150) insiste sur la prise en compte du destinataire de la traduction. Selon lui, l'objectif premier du traducteur est de promouvoir une traduction qui puisse répondre aux attentes des récepteurs ciblés dans la culture d'accueil. Il aborde les autres qualités conçues comme essentielles à une « bonne » traduction. Pour lui, une bonne traduction est fidèle au contenu du texte source ayant entre ses éléments son harmonie et sa cohérence. Exempte de toute étrangeté, une telle traduction transmet les effets stylistiques du texte source. Il insiste, d'ailleurs, sur la dimension communicative de la traduction.
Définissant la traduction comme « une activité socioculturelle », Snell-Hornby (1992: 11) met l'accent sur le fait que cette activité exige non seulement la compétence linguistique mais également une connaissance encyclopédique ainsi

qu’une connaissance des règles socioculturelles d'emploi des deux langues concernées.

armi les connaissances jugées nécessaires à la traduction, les connaissances textuelles qui concernent les mécanismes de l'organisation des différents types de textes ont une importance de base. Cette connaissance des types de textes et de leurs caractéristiques ou la « compétence textuelle », le terme introduit par Van Dijk et Kintsch (1983), permet de dégager les règles de production des textes et apporte des critères et des règles de la réécriture.

En effet, la traduction est conçue comme une série d'actes intellectuels qui s'effectuent sur le texte et qui aboutissent à la production du texte dans une autre langue. Neubert (1981) résume l'opération traductive en ces termes « a text-induced text ». De plus, il existe un lien étroit entre le type du texte à traduire et les stratégies de traduction. Cela pousse les chercheurs à se pencher sur la définition des textes, sur leurs règles de production ainsi que sur leurs types et leurs fonctions.

Beaugrande et Dressler (1981: 3), considèrent le texte comme « un événement de communication ». D'après eux, sept éléments engagent la textualité : la cohésion, la cohérence, l’intentionnalité, l’acceptabilité (recevabilité), le statut informatif, la situation, l’intertextualité. Ces éléments aident le traducteur à mieux résoudre les problèmes qui se posent à lui dans le processus de traduction.

Pour sa part, Vigner (1982: 29) aborde les conditions de production d'un texte bien formé. Selon lui, la stimulation à écrire est due aux éléments intérieurs ou extérieurs. « *La volonté d''accomplissement de soi, tension psychologique, réaction émotionnelle, affective* » comptent parmi des éléments intérieurs ; et concernant les éléments extérieurs, Vigner cite *la contrainte de la vie sociale* en exemple. Comme le fait remarquer ce chercheur, derrière tout écrit, il y a une intention de communication précise. Ayant pour objectif d’agir sur le lecteur, tout texte est le miroir « *du lieu social, géographique, historique d'insertion du scripteur, de ses dispositions psychologiques, de sa compétence linguistique et discursive, de sa culture, de ses connaissances, etc.*

»*(Ibid)*

Il ressort de ce qui précède que le texte n'est pas une chaîne de phrases ou un réservoir à phrases ou à paragraphes, mais il se déroule selon des principes et des règles déterminés. Ainsi, les plans d'analyse du discours, la linguistique du texte ou la typologie textuelle ont été pris en compte dans l'activité de traduction.

Les chercheurs ont abordé la typologie textuelle, selon les cadres théoriques différents et sous diverses appellations. Reiss (1976) propose une répartition qui distingue trois types de textes, basée sur le texte de départ et destinée à l'établissement d'une stratégie traductive : « *informatif, expressif et incitatif.* » À chacun de ces trois types de textes, correspond une fonction spécifique ; la fonction expressive ou esthétique et la fonction incitative. Concernant le texte informatique (comme les nouvelles des journaux, les ouvrages didactiques, les documents), il est destiné avant tout à transmettre un contenu et sa fonction dominante est la fonction référentielle. Dans le texte expressif (comme une pièce de théâtre, un poème, un roman), c'est la forme qui est dominante. Le texte opératif (comme les annonces publicitaires) est centré sur le destinataire.

Koller (1989), pour sa part, met l'accent sur la nécessité d'une analyse propre à la démarche traductive qui met en évidence les caractéristiques de différents types de textes.

Se basant sur les types de textes définis par Reiss, Newmark (1982 : 15) propose une typologie à trois pôles ayant des formes de représentation écrites spécifiques, destinée à l'analyse prétraductionnelle : « texte expressif, texte vocatif et texte informatif. » Pour lui, les textes expressifs comprennent des textes d'autorité et des textes littéraires qui sont caractérisés par le style individuel de l'auteur. Les écrits polémiques, les écrits publicitaires, les avis, lois et règlements, les textes de propagande et la littérature populaire comptent parmi des textes vocatifs. Quant aux textes informatifs, ils englobent des rapports scientifiques et techniques, écris dans un style objectif neutre.

Delisle (1984b: 238) adopte un point de vue textologique qui s'appuie sur « *l'étude de l'actualisation du langage des textes circonstanciés* ». Selon lui, la traduction est « une opération sur le discours » et le processus de traduction se déploie en trois temps : compréhension du texte de départ qui consiste à interpréter le sens et à décoder le texte à traduire à l'aide de l'analyse intra- et extra-linguistique, la reformulation et la vérification de la traduction finale. Il préconise un enseignement de la traduction basé sur les textes pragmatiques. En se basant sur la théorie du sens, il propose un modèle d'analyse textuelle regroupant les paramètres suivants : *« les clés du texte, l'apport des connaissances non linguistiques, les sous-entendus et les allusions et l'exégèse lexicale.*

» (cité par Valentine, 1996: 77)

Ainsi, la connaissance des différents types de textes et de leur organisation permet de dégager des régularités formelles et compositionnelles des textes et elle constitue une composante majeure pour la construction du sens et la reconstruction du texte dans la langue d'arrivée.

D'après Wilss (1982), la traduction est une activité ayant une finalité précise et un texte comme le produit final. Il met l'accent sur la nécessité de l'appropriation des règles de production d'un texte bien formé et d'une compétence textuelle chez le traducteur en formation. De son point de vue, la combinaison de la compétence de transmission et de la « sensibilité textuelle » donne lieu à ce qu'il appelle « a text synchronisation capability » qui comprend à son tour deux compétences : la compétence d'analyse et la compétence de retextualisation. Cet auteur, analyse les textes selon : la finalité du texte qui désigne l'intention de communication cachée derrière le texte ; le thème dont il s'agit; l'identité du destinataire et ses rapport avec le destinateur. Tous ces trois éléments font partie des éléments de la fonction communicative. Comme le fait remarquer Neubert (1989), l'examen attentif des textes met en évidence des caractéristiques macrostructurelles favorisant les reconnaître. Du fait que la variabilité des textes fait obstacle à l'élaboration d'un « portrait-robot » des types de textes. Pour l'enseignement de la traduction, Neubert préconise que l'on choisisse des textes parmi ceux qui sont traduits en situation professionnelle.

2.6.1 La compétence traductive

D'après Lavault (1998), la traduction pédagogique a pour objectif de faire acquérir une compétence traductive plus proche possible d'une compétence professionnelle. Pour atteindre cet objectif, il incombe à tout formateur de procéder à l'enseignement de la traduction dans le contexte d'un acte de communication donné ayant une intention énonciative donnée, un destinataire déterminé et une situation donnée. Comme elle précise (1998 : 82) : « *l''on a tendance à sous-estimer que, même si l'auteur est anonyme (c'est souvent des textes techniques), ancien, disparu (certains textes littéraires), il y a derrière la demande de traduction, au-delà de l'auteur, un initiateur qui l'envisage dans un dessein particulier* ».

Si l'on considère la traduction comme un acte de communication, on doit reconnaître également ses acteurs qui sont auteur du texte source (locuteur/énonciateur), le récepteur du texte cible (interlocuteur/destinataire/allocutaire) et le traducteur jouant le rôle d'intermédiaire entre eux, l'initiateur. Dans une communication, les rôles s'inversent continuellement, le destinataire devant destinateur et réciproquement et le rôle du traducteur ne se limite pas à un simple intermédiaire, il joue également le rôle de médiateur et de négociateur.

Comme le soulignent Seleskovitch et Lederer (1984), la traduction ne se réduit pas à un transfert, mais elle consiste à la compréhension du vouloir dire de l'auteur, à la déverbalisation et à la reconstruction du sens dans une autre langue, ce qui implique des connaissances extralinguistiques de la part du traducteur. Faute de quoi, le traducteur est obligé de faire face à l'ambiguïté et à la diversité des interprétations, ce qui pourrait arrêter son élan de traduction.

2.7 La traduction comme processus

Les théories susmentionnées envisagent la traduction comme le fruit d'une opération. Comme Valentine le précise (1996 : 77) : « *La traduction est considérée comme étant centrée sur le produit (« product-driven »). Autrement dit, elle est le résultat d'une opération — une activité textuelle bilingue — dont on tente d'établir les conditions et les moyens d'exécution permettant d'obtenir le produit idéal. Ces théories abordent la traduction du point de vue de l'observation et font des recommandations quant à la conversion des textes* ».

Contrairement à l'activité de traduction, on peut observer, évaluer et même manipuler son produit qui est de nature textuelle. D'après Delisle (1981b: 441), l'originalité de la théorie du sens réside dans le fait qu'au lieu de la langue, elle examine l'emploi de cet outil de communication dans des situations réelles. Comme nous le signale Fraser (1993: 327), le résultat est plus important que la manière. De son côté, Bassnett-McGuire (1988: 37) qualifie ces théories de normatives qui sont destinées à guider les traducteurs à trouver la solution optimale. Pour lui, la solution optimale à résoudre les problèmes qui se posent à lui dans le processus de la traduction est caractérisée par le maximum d'effet et un minimum d'efforts, ce qu'il appelle la « stratégie minimax » (Levy, 1989).

Il est à noter que les théories descriptives ou plutôt prescriptives sont dénuées d'intérêt et elles ne captivent point l'esprit. En effet, elles s'occupent des caractéristiques des textes à traduire et identifient les compétences souhaitées pour la traduction et de ce que devrait être la traduction.

C’est ainsi que depuis peu, des chercheurs comme (Dancette, 1995; Lorscher, 1992a, 1992b, et 1996 ; Kônigs, 1996 ; Séguinot, 1989; Fraser, 1993 et 1996;

Tirkkonnen-Condit et Laukkanen, 1996) se sont penchés sur l'opération de traduction elle-même et sur les processus mentaux ayant cours lors de l'opération traduisante (Valentine, 1996 : 78).

Valentine (1996: 78), donne l'exemple de Séguinot (1989: iii), qui fait remarquer que le mot *processus* a deux acceptions dans ce contexte, l'une visant *la production physique et progressive d'un texte traduit* et l'autre *les contraintes des philosophies institutionnelles ou personnelles particulières de la traduction*

Outre l'étude des phases du processus de traduction et de la production du texte traduit, l'examen des processus de traduction prend en considération d'autres éléments y compris l'attitude du traducteur et son milieu de travail. Pour sa part, Bell (1991) a mis l'accent sur l'importance du processus dans la production du texte traduit.

Lörscher (1989) montre qu'à travers l'examen de ces activités mentales et de ce que le traducteur fait lors de la traduction, on peut dégager des indications utiles à l'enseignement de la traduction. Selon lui, la manière d'analyser le texte à traduire, la manière du transfert et de la reformulation du texte dans une autre langue ne cessent d'avancer après le modèle préconisé par Nida. Il souligne la nécessité d'une étude psycholinguistique et expérimentale du processus de traduction.

Pour Nida (1969), le processus de traduction s'étale sur trois phases : analyse, transfert et reformulation. Comme l'ont montré des chercheurs, ces activités ne sont pas linéaires et elles ne se réalisent pas de manière successive, mais elles sont en interaction continue.

2.8 Approches dépendantes des théories littéraires

Edmond Cary libère la traduction de la soumission totale à la linguistique. Selon lui, la traduction n'est pas une opération linguistique mais plutôt une opération littéraire. Son premier souci est la littérature et surtout la poésie. C'est ainsi que ses théories ne concernent que la traduction littéraire et notamment la traduction de la poésie. D'après lui, pour traduire la poésie, le traducteur doit avoir une veine poétique. Comme R. Letafati et A. Sarrafan soulignent (2009 : 47), on peut trouver la trace des idées des sémioticiens, comme Barthes (« lectures plurielles du texte ») ou Umberto Eco (« Struttura apperta ») dans la théorie de Cary. Pour lui, c'est le lecteur qui crée le sens de l'ouvrage et sans lui, l'ouvrage ne serait que des papiers. De plus, il existe de multiples lecteurs d'un même texte, car derrière le lecteur sont les hommes qui sont marqués par la subjectivité.

2.9 La « Manipulation School »

Ce terme désigne un groupe de chercheurs des Pays-Bas et d'Israël qui visaient à examiner les influences des textes traduits sur la littérature et la société d'accueil par le biais de la littérature comparée et de la théorie du polysystème (Valentine, 1996 : 86). Ce groupe considère le texte traduit non comme une reproduction du texte de départ, mais comme faisant partie du polysystème de la culture d'accueil qui change le rapport des forces en présence. Au lieu d'évaluer des traductions, ce groupe s'occupe de la description, de la comparaison historique et de la réflexion sur la réception des textes. Cette approche examine la traduction de façon très large dans son modèle d'interaction et accorde une importance toute particulière à la dimension sociologique. Cette approche rejette les théories qui relèvent de la linguistique contrastive et de la sociolinguistique. En effet, ces théories sont axées sur le texte de départ et sur la culture source.

Selon cette approche, la traduction ne consiste pas à établir une équivalence entre deux textes exprimés en des langues différentes, mais elle consiste à manipuler le contenu du texte.

2.10 La traduction comme négociation (Elisabeth LAVAULT)

Lavault est l'une des premiers à comparer la traduction à la négociation. Selon cette chercheuse (1998: 85), la notion de négociation met en lumière la place du traducteur au centre d'un processus complexe d'échanges qui ne se limite pas au simple rapport au texte source et aux deux langues concernées. Il est vrai que le principe d'économie préside aux échanges linguistiques. C'est à partir de 1982 que le concept de « *l'économie des échanges linguistiques* » a été évoqué par Pierre Bourdieu. Dans son écrit sur le langage, les termes de marché, de produit, de producteur et de consommateur abondent.

On constate depuis peu que les critiques de la linguistique formelle et de la linguistique structurale vont de pair avec l'intérêt pour l'analyse du discours, la pragmatique et la sociolinguistique. Toutes ces approches avancent l'interaction et l'intersubjectivité.

Le discours n'est plus désormais la « parole » saussurienne. Dominique Maingueneau (1991: 15) le définit dans le cadre de la pragmatique, lorsqu'elle écrit ce qui suit: « *on appelle "discours" l'énoncé considéré dans sa dimension interactive, son pouvoir d''action sur autrui, son inscription dans une situation d''énonciation (un sujet énonciateur, un allocutaire, un moment, un lieu déterminé)* ».

Pierre Bourdieu, pour sa part, considère les échanges linguistiques comme « *des rapports de pouvoir symbolique où s''actualisent les rapports de force entre les locuteurs ou leurs groupes respectifs* » (Bourdieu 1982: 14, cité par Lavault, 1998: 85)

L'échange linguistique se trouve dans un tel contexte et les auteurs qui abordent la traduction et le langage emploient le terme « négociation » dans ce contexte où se trouvent des réalités sociales, psychologique et culturelles opposées. Le traducteur apparaît comme un médiateur entre deux systèmes linguistiques ayant des réalités socioculturelles différentes et comme un négociateur d'une opération interculturelle.

De l'analyse conversationnelle à l'approche communicative en didactique des langues, la différence est peu importante. C'est ainsi que pour accomplir sa définition de la traduction comme négociation, Lavault se base sur les idées des didacticiens de langues comme Widdowson et Richterrich. Avant de nous pencher sur les détails de la théorie de Lavault, lisons d'abord la citation qu'elle met en place d'Henri Widdowson lorsqu'il écrit: « *Toute participation à une interaction en langue naturelle suppose une négociation du sens en relation au savoir partagé [...]. Ainsi tout acte de communication langagière est un exercice de résolution de problème j'ai à manipuler ce que je sais et ce que sait mon interlocuteur de manière que mon message passe effectivement. Cette utilisation des procédures de négociation [...] est ce qui constitue le processus discursif* » (Widdowson 1981: 14-15, cité par Lavault, 1998: 86).

Au sens de René Richterrich (1985: 50), l'apprenant peut apprendre à communiquer à l'aide de la négociation langagière et peut apprendre à apprendre grâce à la négociation pédagogique.

Selon les encyclopédistes, la négociation est une forme de communication où les négociants cherchent à résoudre le différend qui les oppose, à régler des litiges, à arriver à un accord, à résoudre un problème etc.

La négociation n'entraîne pas toujours un résultat positif, elle peut aboutir à l'échec. En effet, lorsqu'il existe un rapport de force entre les parties de la négociation, elles se divisent en dominantes et dominées et la négociation peut être vouée à l'échec.

Mais Pour Lavault, cette forme de communication requiert certaines conditions : « La négociation implique une préparation et une stratégie intégrant l'écoute et l'observation attentives de l'autre et de tous les points de vue représentés, la prise en considération de toutes les pistes susceptibles d'aboutir et la défense de certains intérêts propres, l'ouverture aux concessions, aux compromis. » (Lavault, 1998: 87)

Étant donné que les parties négociantes n'ont pas toujours le même pouvoir, la solution n'est ni simple ni évidente. De même, des tensions interlinguistiques et interculturelles rendent davantage complexe l'opération de la traduction.

« La traduction comme négociation » est une question digne de considération de plusieurs points de vue. Nous nous pencherons par la suite sur les propos de Lavault, (1998: 87-91) concernant les enjeux de cette négociation :

2.10.1 « La négociation entre le traducteur et les acteurs de la communication »

Comme nous l'avons déjà dit, la traduction est un acte de communication et elle est marquée par une phase de négociation. Le traducteur en tant que négociateur entre en négociation avec un-certain nombre d'acteurs et avant tout avec l'initiateur de la traduction. Le délai, les modalités de réalisation, la rémunération et le but de la traduction sont les objets de cette négociation. Comme le souligne (Gouadec 1989, cité par Lavault, 1998: 87), tous ces objets sont réunis dans un cahier des charges qui détermine les spécifications du texte traduit et qui sera enseigné dans les cursus de traduction spécialisée.

Pour Lavault (*Ibid.*), l'utilité de faire entrer ces paramètres dans un cours de traduction générale réside dans le fait que l'on peut montrer l'aspect social de l'activité traduisante, n'étant pas reconnu à sa juste valeur.

Cette chercheuses fait remarquer que la traduction des textes pragmatiques qui est tributaire de la loi du marché révèle l'élément socioéconomique. Elle met également en évidence la responsabilité du traducteur dans le succès ou l'échec de la communication dans la culture cible.

Selon Daniel Gouadec (1989: 3-8), le traducteur doit remplacer les éléments culturels du texte source par les éléments plus appropriés à la culture d'accueil lorsqu'il écrit ce qui suit : « *la traduction "importe" ou "exporte" des produits en les naturalisant le plus complètement possible* ». Il ajoute aussi : « *les documents traduits sont, littéralement, le porte-parole de l'entreprise à l''étranger* ».

Comme le souligne Lavault (1998 : 88), le formateur doit faire comprendre aux apprenants, à l'aide de l'étude comparative de deux courriers d'entreprise par exemple, que l'on ne peut tabler d'une langue à l'autre sur la ressemblance des principes de rédaction de documents et que les références culturelles qui sont dans la plupart des cas implicites jouent un rôle très important .

2.10.2 « Les éditeurs »

Dans le schéma de la traduction comme négociation dessiné par Lavault (1998 : 88), un deuxième négociant s'impose ; il s'agit des éditeurs. Ces derniers, orientés vers le business, accordent une attention toute particulière au public cible et à la clarté du texte traduit et à son acceptabilité dans la culture d'accueil et delà, ils créent les conditions les plus favorables pour diffuser la traduction. Pour atteindre cet objectif, ils commandent au traducteur de modifier le registre du texte à traduire, de l'adapter et de le vulgariser. À l'appui de l'exemple ci-dessous, Lavault (*Ibid.*) montre bien le déphasage de la traduction négociée par rapport à la réalité d'exercice du métier de traducteur qui ne peut violer tout cadre méthodologique: « *If you now open the Bookmarks menu, you'll see that the document title has been added to the bottom of the menu. You'll be able to return to the document at a later date by simply opening the menu and clicking on the entry. There are a few problems with the menu entry, though. You may not want to use the document title. Some are too vague or verbose, and it's nice to be able to modify them. Also, the list in the menu is not in alphabetical order, making it hard to find things after a while. And all the bookmarks are lumped together, with no kind of hierarchy. Don't worry, though, we can solve all these problems in the Book-marks window.* »

« *Ouvrez ensuite le menu Signets pour vous assurer que le titre du document a bien été ajouté au bas du menu. Vous pourrez par la suite retourner à ce document en ouvrant simplement le menu et en cliquant sur l'entrée. Grâce à la fenêtre Signets, vous pouvez modifier le titre du document, classer par ordre alphabétique la liste dans le menu ou encore hiérarchiser les signets pour une meilleure organisation.* »

Lavault souligne que cet exemple est un extrait d'un ouvrage traduit par les étudiants de traduction spécialisée. Comme elle dit, chez les réviseurs, le degré de l'adaptation du texte est plus haut que chez les étudiants : le texte source est marqué par une prise en charge affective très forte et les réviseurs l'ont adapté en faisant le registre neutre. De plus, contrairement aux Américains, les Français attendent une information *claire, objective et efficace*, ce qui pousse les réviseurs à adapter le texte source susmentionné.

2.10.3 « Les lecteurs »

La négociation intervient également avec les lecteurs qui poussent le traducteur à remplacer des éléments culturels du texte de départ par des éléments culturels propres à la culture d'arrivée et à adapter le texte traduit aux besoins et aux attentes du public cible. En effet, pour le traducteur d'un texte pragmatique (comme notice de montage, recette de cuisine, etc.), l'intelligibilité et l'acceptabilité de la traduction produite au sein des systèmes culturels d'accueil sont au premier plan. Il sacrifie donc les particularités stylistiques du texte source, des ambiguïtés éventuelles, des incohérences, des maladresses du texte source au profit de la lisibilité et de la fluidité du texte traduit.

Concernant le texte pragmatique, le traducteur doit traduire de façon que le produit soit véritablement opératoire.

Comme le fait remarquer Lavault (1998: 89), contrairement à un texte journalistique ou littéraire qui est « *tout abstrait et extérieur à eux* », un texte pragmatique est un document authentique concret qui est élaboré à des fins de communication et qui « *doit permettre à quelqu'un de réaliser une opération précise.* »

Sur ce sujet, Lavault (*Ibid.*) donne un exemple sur la traduction d'une recette de cuisine américaine « *pour leur grand-mère française qui ne connaît pas l'anglais et fait ses courses au supermarché du coin* » par les étudiants en soulignant les fautes faites par certains étudiants: Certains étudiants n'ont pas adapté les mesures des ingrédients. En effet, ils n'ont pas pris en considération l'utilité de leur traduction, sa viabilité et son usage par les lecteurs cibles. Contrairement aux Américains, les Français n'utilisent pas une « tasse » pour mesurer les légumes, la crème, le yaourt, etc. et ils n'achètent pas 113 g de champignons, mais 125 g.

En effet, la traduction de ce genre de texte requiert certaines conditions. Elle doit être avant tout intelligible et le traducteur doit remplacer les mesures du texte source par d'autres mesures plus appropriées à la culture cible.

2.10.4 « Le sens comme objet de négociation »

Le sens d'un texte n'est pas toujours exprimé par des mots. En effet, le sens concerne aussi bien ce que l'auteur dit implicitement. Afin de décoder le texte source et de saisir ce sens, le traducteur doit disposer des connaissances extralinguistiques, ce que Lederer (1994, cité par Lavault, 1998: 90) appelle le « *bagage cognitif* », mais également de l'expérience « *dans la mesure où chaque récepteur contribue à produire le message qu'il perçoit et apprécie en y important tout ce qui fait son expérience singulière et collective* » (Bourdieu 1982: 16, cité par Lavault, 1998: 90).

Comme le fait remarquer Lavault (*Ibid.*), ce sens est le fruit d'une négociation « *entre, d'une part, les possibilités et les contraintes linguistiques de la langue cible — sur les plans lexical, syntaxique, rhétorique-et, d''autre part, les paramètres extralinguistiques propres à la situation socioculturelle du public cible ou à sa propre situation de dépendance par rapport à l''initiateur.* »

On peut constater que cette négociation est en opposition avec la fidélité au texte de départ et à la réalité d'exercice du métier de traducteur qui ne peut pas toujours décider de tout.

2.11 La traduction littéraire

a langue est un organisme vivant qui évolue sans cesse et les traductions vieillissent. De plus, au fil du temps, les goûts des récepteurs, leurs besoins et leurs compétences changent. C'est pour cette raison que les traductions, notamment en littérature classique, sont retraduites pour être mises à jour et s'adapter au goût du public, à leurs besoins et à la langue actuelle.

La volonté de retraduction peut être d'ordre commercial. En effet, la composante socioéconomique est bien évidente dans la technique de retraduction. L'accord issu de la négociation avec des éditeurs est la production d'un texte qui soit conforme aux attentes et au goût des récepteurs cibles et aux conventions sociales qui déterminaient le bon goût au siècle des lumières, le produit étant ainsi comparable à une Belle infidèle.

Les chercheurs font intervenir la problématique de l'adaptation, selon les diverses appellations: la traduction ethnocentrique citée par Antoine Berman (1985, cité par Lavault, 1998: 90) ou encore la métaphore des verres colorés et des verres transparents de Georges Mounin (1955, cité par Lavault, 1998: 90).

Comme le fait remarquer Lavault (*Ibid.*), dans la traduction des œuvres littéraires, l'initiateur joue un rôle majeur dans la définition des spécifications de la traduction finale. Il justifie cette affirmation à l'aide de l'exemple suivant : « *un exemple simple est celui des titres des œuvres traduites. Combien de traducteurs se sont sentis floués parce que l'éditeur imposait un titre commercial pour un roman ou préférait même garder le titre dans la langue d'origine, attitude qui peut déplaire à toutes les personnes qui croient que le traducteur, par son œuvre, défend également la langue vers laquelle il traduit, surtout quand celle-ci est minoritaire !* » En effet, une telle attitude des éditeurs montre l'aspect mineur de l'activité traduisante.

2.12 Synthèse et discussions

Chacun des discours théoriques susmentionnés adopte un point de vue particulier et original. Cela met en évidence la diversité des façons de représenter l'acte de traduire ainsi que les différents aspects de la traduction pertinents à la formation.

Ces discours se sont penchées sut le produit (la traduction finale), la nature de l'activité traduisant, les stratégies permettant au traducteur de faire face aux problèmes de traduction et la nature de la compréhension. Les recherches sur la compréhension mettent en lumière que la saisie du sens du texte à traduire requiert les connaissances linguistiques mais aussi la connaissance du monde.

De plus, ces recherches mettent en évidence quelques grandes orientations à partir d'un point de vue disciplinaire particulier : orientation linguistique, textuelle, psycholinguistique. La première s'intéresse à une étude comparée des structures lexicales, syntaxiques, sémantiques des deux langues concernées et au processus de transfert. De plus, elle fait naître la question de la nature et des types d'équivalence et du concept d'unité de traduction.

Quant à l'orientation textuelle, elle soulève la question de l'équivalence textuelle et met l'accent sur la fonction communicative du texte. Elle fait intervenir la textologie qui concerne la forme globale d'organisation des textes et leurs régularités compositionnelles afin d'aider le traducteur à exprimer les idées comprises dans un cadre textuel approprié dans la langue d'arrivée. Selon cette orientation, le traducteur doit posséder une compétence textuelle et l'activité traduisante est « *une forme de lecture-écriture particulière, puisque c"est la lecture que l'on fait qui conditionne les décisions prises lors de la traduction* » (Valentine, 1996: 88).

L'orientation psycholinguistique tend à préciser de manière objective les processus mentaux ayant cours lors de l'opération traduisante. À travers l'observation des novices, on peut identifier des problèmes de traduction rencontrés chez les débutants et l'observation des traducteurs professionnels met en évidence les stratégies qu'ils ont adoptées pour surmonter ces obstacles. Certains théoriciens qualifient de « performatif » (comme LÖrscher) et de moins « statique » (comme Neubert et Shreve) l'apport nouveau de l'orientation psycholinguistique.

L'étude des stratégies adoptées lors de la traduction aide à trouver des pistes à privilégier dans l'enseignement et à définir des objectifs d'apprentissage dans l'élaboration des cours.

Pour ce qui a trait à l'unité de traduction, comme le fait remarquer Valentine (1996: 89), en fonction de « *la capacité de saisie* » du traducteur, elle varie d'un traducteur à l'autre. Elle définit l'unité de traduction comme « *un segment du texte qui possède une autonomie minimale de traitement* ».

Valentine croit que cette orientation répète la plupart des éléments des théories descriptives, voire prescriptives, notamment l'analyse linguistique et l'analyse textuelle.

Il y a un consensus général parmi les chercheurs sur le fait qu'il existe, pas une seule, mais plusieurs « bonnes » traductions d'un texte donné et les travaux sur les processus mettent en évidence que pour atteindre cet objectif, plusieurs manières sont à la disposition du traducteur.

Comme on le voit, chacun de ces discours théoriques représente l'activité traduisante d'une manière qui lui est propre. Il est à noter qu'une seule orientation n'est pas à même de prendre en considération toutes les facettes de la traduction et delà, de résoudre tous les obstacles. En effet, ces orientations, apparemment opposées, se complètent et l'orientation nécessaire à l'apprenant doit être essentiellement un amalgame de ces orientations.

Pour cerner l'activité de formation, il existe de multiples éléments à tirer de ces discours théoriques. Pour former un programme flexible permettant la construction d'une formation efficace, le formateur et le concepteur de programme doivent profiter raisonnablement de tous ces éléments. La traduction se trouve à l'intersection de plusieurs disciplines connexes comme la linguistique, la linguistique textuelle, la sémiologie, la théorie de la communication et la psycholinguistique. La complexité de la traduction réside dans le fait qu'elle exige l'analyse et la synthèse, qu'elle conduit de la compréhension à la production et qu'elle est caractérisée par des difficultés inter linguistiques et interculturelles.

CHAPITRE III

Didactique de la traduction

3.1 Qu'est-ce que la pédagogie ?

D'après Legendre, la pédagogie est l'« *Art d''enseigner ou méthodes d''enseignement propres à une discipline, à une matière, à un ordre d''enseignement, àun établissement d''enseignement ou à une philosophie de l''éducation.* » (Legendre, 2005: 1007, cité par Marchand, 2011: 3).

De cette définition, on peut retenir deux notions importantes concernant notre angle de recherche.

- La première est l'art d'enseigner qui dépend de l'individualité de l'enseignant et de sa liberté dans des choix qu'il fait selon sa façon de voir l'enseignement.
- La seconde concerne les moyens ou méthodes qui sont destinés à favoriser l'apprentissage.

De plus, l'adjectif « pédagogique » désigne l'aspect créateur de l'enseignement. En effet, comme le fait remarquer (Danvers, 2003: 426), cet adjectif que l'on emploie « à *l''acte, à l''innovation ou aux technologies* » désigne « l'art de créer les conditions favorables » permettant d'optimiser l'apprentissage.

Pour un enseignement novateur, on doit recourir aux considérations pédagogiques qui résultent des réflexions des chercheurs qui se préoccupent de meilleures pratiques en didactique de la traduction.

Selon Jean Delisle (2005), la pédagogie cherche à établir une convenance parfaite entre l'enseignement et les objectifs d'apprentissage à atteindre. Pour lui, les besoins des apprenants permettent de définir des objectifs d'apprentissage et cette volonté de convenance se révèle dans la conception d'un programme.

Trois éléments importants ressortent des propos de Delisle qui nous aideront de circonscrire le concept de contenu pédagogique : l'enseignement, des besoins des apprenants et des objectifs d'apprentissage.

L'enseignement comprend des aspects comme la conception de l'enseignement, le style d'enseignement, la méthode et les stratégies. Il fait également intervenir les autres participants à l'activité, c'est-à-dire les apprenants, dont leurs besoins déterminent les objectifs d'apprentissage et la structure de la formation.

3.2 Peut-on enseigner la traduction ?

Depuis toujours, la question de *comment traduire* fait partie des préoccupations majeures des théoriciens du domaine de la traduction. On a mis en place des définitions très nettes et crédibles concernant une bonne traduction et un bon traducteur. Mais il n'y a que moins de 60 ans que les spécialistes de la traduction se demandent si l'on peut l'enseigner, et dans l'affirmative, comment parvenir à le faire. Néanmoins, la question de la possibilité de former des traducteurs reste toujours comme le sujet d'un débat disant ouvert.

D'une part, il y a ceux qui considèrent la traduction comme un *art* ou un *don* inné qui est bien loin de pouvoir être enseigné. Et de l'autre, certains croient fortement à la nécessité de son enseignement. Il y a ceux qui disent que « *les traducteurs ne sont pas formés mais qu"ils sont nés* » (Nida, 1979: 214), et également d'autres qui envisagent la traduction comme « *une technique qui s"apprend* » (Darbelnet, cité par Egan Valentine, 1996).

L'exemple le plus dominant des partisans du premier groupe serait peut-être Nida lui-même. Pour nier tout besoin de former les traducteurs, il s'appuie sur son expérience personnelle d'avoir rencontré des traducteurs très compétents qui n'ont suivi aucune formation rigoureuse en traduction au sein d'aucun milieu universitaire. Il croit au caractère inné de la capacité de traduire, toutefois en considérant la connaissance en langues comme un don, il ne reconnait le rôle de la formation que dans le perfectionnement de ces qualités que certains possèdent depuis leur naissance.

Vingt ans avant Nida en 1959, Jean-Paul Vinay, dans le *Journal des Traducteurs* (pp. 141-148), A abordé pour la première fois la question de la possibilité d'enseigner la traduction. Il a donné une réponse affirmative à sa question « *Peut-on enseigner la traduction* ? » en soulignant deux objectifs pour cette formation : aboutir au « sens » en enseignant la recherche des situations, et aboutir au style en enseignant les équivalences des effets. L'ouvrage de référence qu'il proposait pour réussir cette formation, était le livre qu'il avait publié avec Darbelnet l'année précédente, *la stylistique comparée du français et d''anglais* (1958).

Parmi les auteurs qui ne préconisent pas pour autant une formation spécifique en traduction, nous pouvons citer Schmit (1966) qui reconnait le traducteur comme le seul responsable du perfectionnement de son métier. De son point de vue, la majorité des traducteurs ayant préalablement certaines qualités, comme connaissance en langues (bilinguisme ou plurilinguisme), et par le biais d'un accident de parcours, et non pas en suivant des cours spécifiques de traduction, deviennent effectivement traducteurs. Selon Schmit, pour régler les problèmes des traducteurs et parfaire leurs connaissances en traduction, il ne leur faut que quelques cours de perfectionnement linguistique.

Abondant dans le même sens, Ozeroff aussi met l'accent sur le fait que les traducteurs sont nés de la même façon que les poètes sont nés. Cependant, il donne une priorité à l'auto-formation du traducteur en lui préconisant d'*étudier*, de *se construire* et de *se créer.* (1979: 11-12)

Mais, Jean Delisle (cité par Egan Valentive, 1996: 15) réagit contre cette conception en disant qu'« *il est faux de prétendre que l''on naît traducteur comme on naît poète, et que tout effort pours former des traducteurs est vain* ». Il affirme toutefois, qu'il est nécessaire de « *posséder un minimum de savoir-faire pours exercer convenablement son métier* ».

En 1976, lors de la Conférence générale de l'Unesco à Nairobi, la traduction a été reconnue comme une *discipline autonome* qui méritait une *formation spécialisée* et un *enseignement distinct de l''enseignement exclusivement linguistique.* (Voir infra)

Depuis cette recommandation, et malgré les idées opposées, le nombre de ceux qui optent pour une formation systématique des traducteurs augmente de plus en plus.

Vinay (1975: 7), un an même avant la publication de ce onzième article de l'Unesco, avait mis en valeur la nécessité de former des traducteurs, en citant ainsi Darbelnet: « *On peut et on doit admettre qu"il existe des traducteurs capables de résoudre des problèmes de traduction sans se reporter délibérément à un ensemble de principes. Mais nous sommes à une époque [...] où la nécessité se fait de plus en plus sentir de former des traducteurs plutôt que de compter sur leur compréhension intuitive des langues qu"ils utilisent.* »

Pour Darbelnet la compréhension intuitive des langues ne suffit pas pour qu'un traducteur traduise efficacement. En effet, au lieu de reconnaître la traduction comme une inspiration artistique, il la considère comme une technique qui peut être enseignée et transmise aux autres.

Tout comme Vinay, Darbelnet et Delisle, d'autres auteurs comme Danika Seleskovitch, Kiraly, LÖrscher et Gile, etc. mettent en valeur un enseignement systématique de la traduction.

Seleskovitch considère la traduction comme un « *acte de création* » (1991: 5) qui implique non seulement la nécessité de « *savoir les langues* » mais aussi celle de l'acquisition de la « *méthode* ». Pour elle, c'est grâce à une méthode que les savoirs préalables pourront donner lieu à la « *création d"équivalences de textes* [...] » et non à « *juxtaposer des correspondances préétablies* ».

3.2.1 L'enseignement de la traduction : possible et nécessaire

Ce qui est admis généralement aujourd'hui, c'est qu'il est possible d'enseigner la traduction. En effet, ce qui demeure problématique actuellement c'est la manière d'arriver à le faire.

Au Canada, la nécessité de l'enseignement universitaire de la traduction est démontrée en 1985 par Roberts. Comme Fiolà (2003 : 49) le cite, dans son article portant sur la formation universitaire et les compétences du traducteur professionnel, Roberts (1985 : 344 *et passim*) insiste non seulement sur la possibilité de l'enseignement de la traduction, mais également sur la nécessité de la formation des traducteurs au niveau universitaire. Ainsi, s'oppose-t-il nettement à Nida pour qui la compétence traductionnelle est un don inné. Comme il le fait remarquer, bien que la formation universitaire ne soit pas indispensable pour devenir le traducteur, une certaine formation même autodidacte est inévitable pout devenir un bon traducteur.

Roberts (1985: 344) regrettait le fait que le diplôme universitaire en traduction était négligé de la part des employeurs. Moins de vingt ans suffisait pour changer cette situation regrettable. Comme Fiolà le souligne (2003: 49-52), le diplôme universitaire en traduction est reconnu aujourd'hui au Canada à tel point que l'une des conditions requises pour l'intégration dans le Bureau de la traduction du gouvernement fédéral, le plus grand employeur de traducteurs au Canada, est de disposer d'un diplôme universitaire en traduction. Cela revient à dire que la traduction se distingue du bilinguisme simple et qu'elle requiert une certaine compétence que le traducteur peut obtenir par la formation universitaire.

Gravier (1967: 73) décrit la situation qui dominait autrefois avant l'enseignement de la traduction en disant : « *[l]"enseignement de la traduction n"existait naguère pratiquement nulle part et le traducteur était abandonné à des expériences personnelles et à des tâtonnements souvent pénibles* ». L'utilité de la formation des traducteurs réside donc dans le fait qu'elle a mis fin à l'apprentissage par tâtonnements et les insatisfactions qu'entraîne inévitablement ce dernier.

Les établissements qui proposent la formation en traduction suscitent beaucoup de critiques de la part des employeurs, des praticiens, même des apprentis. On ne peut nier totalement l'efficacité des programmes proposés sous prétexte qu'il ne sont pas parfaits. Pour Roberts (1984: 348-349), bien que lesdits programmes ne puissent subvenir à tous les besoins éducatifs des apprentis-traducteurs, mais ils sont la meilleure solution à notre disposition.

La formation des traducteurs est donc une nécessité. Mais, on voit des gens qui traduisent sans avoir un diplôme en traduction. Quand-même, la traduction n'est pas loin de pouvoir être enseignée et que le diplôme en traduction est une attestation d'une formation universitaire qui pourrait peser lourd au moment « *de choisir entre deux avenues menant à la traduction professionnelle, ou entre deux personnes ayant en apparence le même potentiel, l''une ayant un diplôme et l''autre pas* ». (Fiolà, 2003: 51)

Comme le fait remarquer Fiolà (2003: 51-52), l'acquisition de la compétence traductionnelle ne se limite pas à la formation universitaire et peut être considérée comme l'œuvre de toute une vie. Il écrit sur ce sujet : « *En effet, la compétence traductionnelle grâce à laquelle le traducteur manifeste son savoir, son savoir-faire et son savoir-être est une multicompétence encore mal définie, dont les apprenants commencent à acquérir les fondements bien en amont de leur formation universitaire et dont la construction se prolonge toute une vie. Contrairement à ce qu''a pu soutenir Nida, on ne naît pas traducteur ; on ne cesse jamais de le devenir.* »

3.3 Didactique ou pédagogie de la traduction

Le concept de didactique de la traduction est fréquemment abordé par les chercheurs autant que la question de la formation des traducteurs pose de questions. Parmi les travaux contemporains concernant la pédagogie de la traduction et les méthodes destinées à faciliter la formation des traducteurs, on peut mentionner les travaux de Newmark (1988), de Nord (1991b), de Baker (1992), de Ballard (1993), de Pym (1993) et de Kiraly (1995, 2000).

Comme le fait remarquer (Chaduc et al. 1999: 90), contrairement à la didactique qui fait référence à l'enseignement, la pédagogie à l'enfant et ou dans la présente thèse à l'étudiant adulte. Les manuels de traduction visent à aider les futurs traducteurs dans la voie de leur apprentissage. Cependant, on ne peut nier que ces ouvrages principalement pédagogiques relèvent d'une réflexion théorique et didactique sur la matière à enseigner; et on trouve peu d'ouvrages portant sur ce sujet notamment pour la traduction.

Parmi les travaux concernant le processus de la traduction, on peut mentionner ceux de Lörscher (1991), de Dancette (1994), et de Kiraly (1995). Ces travaux visant à définir ce processus nous en donnent une idée précise et nous montrent ce qui se passe dans l'esprit du traducteur lors de l'activité traduisante.

Dans la conception des programmes de traduction, on ne doit pas se contenter des compétences traductionnelles. En réalité, d'autres éléments marginaux doivent être pris en compte dont l'ensemble constitue «la situation didactique », terme inventé par Lavault (1998: 25) qui énumère les éléments suivants:*« Les « apprenants », qui peuvent être élèves, étudiants ou adultes : il faut tenir compte de leur âge, de leur formation préalable, de leurs besoins et de leurs motivations.*

La durée d''apprentissage : dispose-t-on de cinq heures par jour pendant un mois ou de trois heures par semaine pendant quatre ans ?

''espace et les modalités, à savoir la classe, qui est à la fois un lieu doté de facilités pédagogiques plus ou moins grandes (disposition, matériel, confort, etc.) et un groupe plus ou moins nombreux et plus ou moins homogène.

*L''enseignant: sa formation, son expérience, ses motivations propres.» (*cité par Fiolà, 2003: 18)

On constate que quand les chercheurs ont surtout essayé de trouver les méthodes convenables pour enseigner la traduction, lesdits éléments nécessaires à la pédagogie de la traduction n'ont pas été reconnus à leur juste valeur.

Mais avant de se pencher sur la didactique de la traduction, il nous incombe de définir chacun des éléments de la situation didactique ainsi que leur place dans la didactique de la traduction professionnelle.

Certains auteurs comme Hurtado Albir (1999a) et Valentine (1996) se sont penchés sur la didactique de la traduction. Ce dernier a examiné le contenu des programmes de traduction proposés au Canada et partant du résultat de son analyse, il a préconisé un modèle de programme qui a pour caractéristique essentielle de négliger les éléments de la situation didactique, ce qui le rend applicable à d'autres situations.

Pour Fiolà (2003: 19), on ne peut donner un modèle de programme, « *car qui dit modèle dit proposition générale, donc non intégrée.* »

Valentine pour sa part, pense que quant au modèle de programme, on a affaire à une certaine contradiction; puisqu'il est hasardeux et illusoire de chercher à proposer un modèle qui conviendrait à toutes les situations et qui réglerait les problèmes une fois pour toutes. » (Valentine, 1998: 5)

Tout ce qui précède met en évidence la nécessité de baser une didactique de la traduction professionnelle. Cette nouvelle approche permet de déterminer les éléments nécessaires à l'élaboration et au remaniement de programmes de traduction.

Gémar (1992) aussi contribue à la nécessité d'une pédagogie de la traduction qui n'était bornée qu'aux langues mortes depuis longtemps.

Pour délimiter notre objet d'étude, il nous semble logique d'en expliquer avant tout les éléments principaux.

On estime souvent la compétence du traducteur professionnel à travers ses connaissances et sa capacité de faire sans peine des tâches très difficiles. Comme le souligne Fraser (1995), le traducteur qui atteint le niveau suprême de la compétence peut mobiliser ses connaissances automatiquement et de manière inconsciente.

Du fait que la traduction est un mode de communication, le modèle préconisé par Howell (1982) pour la compétence communicative est applicable également à la compétence traductionnelle, mais bien entendu avec des modifications nécessaires.

3.3.1 L'étudiant : quatre phases de l'apprentissage de la traduction

Marco Fiolà illustre dans sa thèse (2003: 56-58) le modèle mentionné ci-dessus qui est adapté par McClish et Bacon à l'apprentissage de la traduction. En voici une présentation brève des quatre phases qui sont successivement : incompétence inconsciente, incompétence consciente, compétence consciente, compétence inconsciente:

3.3.1.1 Incompétence inconsciente

Le premier stade, c'est le stade de nouveaux apprenants qui sont au début du chemin de leur apprentissage. A ce stade, ils ne connaissent pas les principes théoriques de la traduction, ils ne sont pas au courant de leurs points faibles et ils ne peuvent pas traduire convenablement. Fiolà (2003: 57) résume ce stade en ces mots: « *En résumé, ils ignorent toujours qu''ils ne savent pas comment traduire, ou encore ils sont persuadés à tort qu''ils savent déjà comment traduire, ce qui revient au même.* » Et d'ajouter : « *C''est le stade de la belle arrogance qui fait souvent dire aux apprenants : " Je fais de la traduction depuis toujours et je suis doué. C''est facile.* " »

Incompétence consciente

Mais quand l'apprentissage commence et que les apprenants présentent leurs premières traductions, ils avouent les lacunes de leurs connaissances sur ce domaine. C'est le deuxième stade. C'est sans contredit le stade le plus difficile pour les apprenants; dans cette étape, les apprenants recourent excessivement au transcodage et ils pensent qu'ils ne peuvent surmonter les obstacles dressés sur la voie de la traduction.

3.3.1.2 Compétence consciente

Dans le stade suivant, la formation et les efforts des apprenants aboutissent au succès et l'apprenant peut traduire correctement. En dépit des difficultés qui se dressent sur la voie de la traduction, à ce stade, les apprenants pensent qu'ils peuvent traduire selon les normes traductives.

3.3.1.3 Compétence inconsciente

Dans le dernier stade, le traducteur atteint le niveau suprême de la compétence traductive à tel point qu'il peut traduire des textes difficiles sans peine et de manière inconsciente. Le terme " inconsciente " ne revient pas à dire que le processus de la traduction ne demande plus de réflexion. Sur ce sujet, Fiolà (2003 : 58) écrit : « [...] *Ce n"est pas qu"il ne réfléchisse plus, car on sait que la traduction est d"abord et avant tout un travail intellectuel, mais plutôt que la démarche de traduction est à ce point ancrée en tant que schème de réflexion qu"elle demande peu d"efforts par rapport au stade premier. À cette étape, le traducteur pense: « La traduction, c"est possible et facile maintenant.* »

Il est à noter que maîtriser chaque domaine de spécialité demande au traducteur de parcourir les mêmes stades.

Le formateur de traduction: compétences traductionnelle et compétence pédagogique L'objectif principal des programmes de formation en traduction est de faire acquérir aux apprentis-traducteurs les compétences traductionnelles qui leur permettent d'effectuer convenablement la traduction. Nous avons expliqué en détail, dans les pages précédentes, la façon de l'atteindre. Mais, les formateurs de traduction doivent, eux aussi, posséder certaines compétences pour mieux réaliser leur tâche d'enseignement de cette discipline.

Il est sans contredit que celui qui possède les compétences traductionnelles jugées nécessaire à une pratique professionnelle n'est pas forcément un bon enseignant. Un recul historique montre qu'autrefois on pensait à tort que celui qui maîtrisait un savoir quelconque, il pouvait l'enseigner et que l'on niait tout besoin de former des enseignants. Dans cette conception, on considérait la compétence traductionnelle et la compétence pédagogique comme une seule et même chose.

Cette façon de voir qui prévaut encore chez les ignorants en la matière a été battue en brèche et aujourd'hui, on croit fortement à la nécessité d'apprendre à enseigner à l'université. En effet, tout comme pour le traducteur, il est nécessaire à tout enseignant de posséder un minimum de savoir-faire pours remplir au mieux son rôle et il faut faire la distinction entre faire et enseigner.

Comme le soulignent Langevin et Bruneau (2000 : 20), les ignorants en la matière considèrent la compétence pédagogique comme un savoir inné que l'on ne peut enseigner. En effet, ils abondent dans le même sens que Nida et ses partisans. Pour eux, les formateurs sont nés de la même façon que les traducteurs sont nés.

Partant de la réponse d'un des répondants à une question concernant l'importance de la compétence pédagogique, (Fiolà : (2003 : 59-60) tente de répondre à la question suivante : « *Heureux ceux qui l''ont (et bienheureux sont leurs étudiants), mais tant pis pour ceux qui ne l''ont pas* ? »

Pour Fiolà, il arrive que certains aient naturellement la capacité de faire apprendre, mais rien n'empêche d'apprendre et d'approfondir cette capacité.

Il incombe à tout formateur de disposer à la fois des connaissances théoriques et pratiques de la traduction et de la pédagogie.

Concernant les connaissances théoriques de la traduction, comme le fait remarquer Tardif (1997: 47), l'apprentissage de la traduction et son but d'acquérir la compétence traductionnelle, dépendent de l'acquisition de trois types de connaissances: les connaissances déclaratives, procédurales et conditionnelles. Les connaissances déclaratives ou théoriques de la traduction que l'on peut acquérir soit par la lecture, soit dans le cadre de l'approche magistrale comprennent « *l''histoire de la traduction, des principes théoriques de la traduction, des règles grammaticales et orthographiques (dans la mesure où l''on enseigne le perfectionnement linguistique en traduction) et des règles de déontologie (savoir-être).* » (Fiolà, 2003: 66)

En effet, la compétence traductionnelle, fruit des années d'apprentissage, est une condition nécessaire à l'enseignement de la traduction mais insuffisante ; le formateur pourra donner un enseignement efficace à condition qu'il soit muni des connaissances théoriques sur le mécanisme de la traduction. En réalité, pour enseigner la traduction, le formateur ne peut et ne doit pas tout le temps imposer aux apprentis de l'imiter. Les consignes comme « faites comme ça » ne sont pas toujours efficaces et le formateur doit justifier la manière de traduire et expliquer le mécanisme de la traduction. Grace à ces connaissances, il sera capable de discerner les points faibles et les origines des erreurs des apprentis-traducteurs, d'y remédier, d'expliquer la manière de traduire et le mécanisme de l'activité traduisante et de justifier ses choix traductifs. Comme tout apprentissage, l'apprentissage de la traduction est source potentielle d'erreur. Le formateur qui peut discerner les sources de l'erreur de ses apprentis, pourra mieux les aider à atteindre une pratique perfectionnée de la traduction.

Mais selon Lederer (1994: 49), pour une activité comme la traduction, on peut fonder une théorie à condition que cette activité réussisse. Sur ce sujet, elle écrit: «*Le cyclisme, la nage sont également des activités. On ne tirerait aucune conclusion théorique valable sur le cyclisme en étudiant les gestes désordonnés d"un homme qui tombe de bicyclette, le phénomène de la nage en observant quelqu"un qui neréussit pas à se tenir la tête hors de l"eau.*»

Ballard pense que (1998: 44) l'analyse des erreurs joue un rôle important dans l'établissement d'une théorie de la traduction et dans toute approche axée sur l'apprenant. Il met en lumière les avantages de cette analyse. Pour lui, l'intérêt majeur de l'analyse des erreurs est qu'elle permet de révéler les besoins de l'apprenant et de déterminer les objectifs d'apprentissage.

De plus, Ballard préconise l'enseignement par l'exemple. Face aux résultats satisfaisants de leur traduction, les futurs traducteurs apprennent qu'ils peuvent traduire correctement.

Pour Seleskovitch (1995: 23), il incombe à tout pédagogue de ne pas abandonner l'enseignement par l'exemple, « car une prestation réussie est la meilleure démonstration de la justesse d'une explication théorique, de même que celle-ci fait voir des aspects de la pratique qui passent d'autant plus inaperçus que la pratique est réussie.»

Le manque de connaissances théoriques et pratiques de la traduction (compétence traductionnelle)[2] aura de graves conséquences. Le formateur qui a une faible connaissance sur la matière à enseigner, ne peut assurer un enseignement profond de la traduction, bien qu'intéressant, son enseignement ne peut subvenir aux besoins des apprentis. Sur ce sujet, on peut lire sous la plume de Fiolà (2003: 62): *« Le formateur sans compétence traductionnelle, même s"il est en mesure d"enseigner, ne maîtrise pas toutes les connaissances associées à l"objet de l"enseignement pour prétendre préparer les étudiants à la pratique d"une profession. »*

Le formateur sans compétence traductionnelle n'ayant pas de connaissances pratiques de la traduction (la matière à enseigner), peut être comparé à un traducteur qui, ne connaissant pas le sujet du texte à traduire, procède à transcoder le texte au lieu de le traduire. Un tel formateur ne prend pas en considération l'objet à enseigner et les besoins des apprenants.

Le vide de la compétence pédagogique ne peut manquer également d'avoir des[2]

Un handicap qui peut être relatif au manque de cette compétence, c'est la non maîtrise de deux branches cruciales dans l'apprentissage de toute langue. Il s'agit de la phraséologie et de la parémiologie, qui exigent aussi bien de la part du traducteur que de l'enseignant de traduction, des bagages culturels et extralinguistiques bien riches et multidimensionnels.

effets négatifs sur l'enseignement. En absence de la compétence pédagogique, l'enseignement ne sera pas clair et il ne peut aider convenablement les apprentis dans le chemin de leur apprentissage; et c'est ainsi que leurs besoins de formation demeurent sans réponse.

Le traducteur sans compétence pédagogique recourt à sa compétence traductionnelle et aux séances de traduction/correction. Il tente bien souvent de faire traduire aux apprentis et de corriger leur traduction en détruisant d'avance toute objection. Il ne faut pourtant pas dissimuler que ces séances de traduction/correction comportent bien des inconvénients. En effet, la critique négative des traductions de l'apprenant atteint dans sa fierté et comme le souligne Delisle (1980: 14) aura « *un effet négatif sur la motivation des étudiants.* »

Selon la Loi de Mencken « *ceux qui peuvent font; ceux qui ne peuvent pas enseignent* ». Mais pour Fiolà (20003: 61), cette loi, qui prévaut encore chez certains, n'est pas conforme à la réalité. Pour lui, on peut dire à la perfection que « *ceux qui peuvent font et, éventuellement, enseignent; les autres devraient se garder de faire et d''enseigner* ».

Celui qui possède une compétence pédagogique ne peut tout enseigner. Car pour enseigner, le formateur doit avoir une connaissance sur la matière à enseigner. Il est bien évident que la question de la double compétence n'est pas propre au domaine de la traduction. Concernant des formules d'enseignement, si la performance magistrale n'a pas de bonne réputation chez les étudiants et qu'elle, d'après Kiraly (1995: 7-8), est le calque plus ou moins fidèle de de l'enseignement des langues étrangères et des langues mortes, il n'en demeure pas moins que dans certains cas, en particulier dans la pédagogie des grands groupes, elle est la meilleure, voire la seule formule. Kiraly réagit contre l'emploi de cette formule d'enseignement dans l'apprentissage de la traduction, la formule qui consiste à transmettre des savoirs.

De plus, Langevin et Bruneau (2000: 17) ont montré les résultats positifs que cette formule d'enseignement a engendrés pendant des années. En un mot, la performance magistrale compte parmi des approches pédagogiques et bien qu'elle soit loin d'être employée à toutes les formations ni à toutes les classes, on ne peut pas le rejeter.

En effet, la performance magistrale n'est guère efficace dans le cas de groupes hétérogènes. Ce phénomène d'hétérogénéité s'impose dès que la formation universitaire longtemps réservée aux élites est devenue commune à tous. Comme le soulignent (Langevin et Bruneau, 2000), un petit recul historique nous montre qu'autrefois seules les élites avaient le droit de faire des études universitaires et la formation universitaire était en grande estime auprès des étudiants, «*peut-être à cause de sa rareté.* » (*Ibid.* 19)

Mais quand l'emploi de cette formule d'enseignement dépasse la mesure ordinaire, cela peut dénoncer l'ignorance du formateur sur l'activité traduisante ou sur la pédagogie.

3.3.1.4 Les deux styles de l'enseignement

Le concept des styles d'enseignement fait partie des préoccupations majeures des chercheurs en pédagogie.

En enseignant une discipline, on adopte des comportements et des attitudes variables d'un enseignant à l'autre, ce qui constitue pour chacun son style d'enseignement. En effet, cette variabilité est due à la façon de percevoir la relation professeur – étudiant.

Le style d'enseignement qui a séduit de nombreux chercheurs en pédagogie peut être centré soit sur l'étudiant soit sur l'enseignant.

Ces deux grandes sous-catégories se différencient de divers' aspects. L'importance accordée aux dimensions individuelles de l'acte d'apprentissage varie d'un style à l'autre. L'enseignement centré sur l'étudiant prend en considération le rôle joué par l'apprenant dans son apprentissage et delà, il favorise l'auto-évaluation, la motivation et la responsabilisation. En effet, l'apprenant prend en charge une partie de son acte d'apprentissage.

Néanmoins, il est difficile de circonscrire certaines des caractéristiques de ce style d'enseignement hors du contexte de la salle de classe et notamment dans le manuel.

Parmi une gamme de types d'évaluation, l'enseignement centré sur l'enseignant,plus traditionnel, utilise l'évaluation sommative, c'est alors que dans l'enseignement centré sur l'étudiant, le formateur choisit l'évaluation formative qui se situe dans le continuum de l'apprentissage et qui encourage l'individualisation de l'acte d'apprentissage.

Les types d'activités d'apprentissage (individuelles ou collectives) et les moyens d'autoévaluation comptent parmi des indices qui révèlent l'adhésion de l'auteur audit style d'enseignement. Les styles d'enseignement se rapportent à la structure pédagogique et administrative (les relations entre les enseignants et les départements) et au degré de leur coopération. Ils concernent également la conception qu'a l'enseignant de son rôle mais aussi de ses stratégies d'enseignement.

La conception que le formateur a de l'enseignement est une autre composante des styles d'enseignement. S'appuyant sur les résultats de leurs recherches, Loiola et Tardif (2001) ont établi six visions de l'enseignement chez les professeurs d'université. Ces conceptions se subdivisent en deux sous-catégories simples et complexes.

Les premières qui comprennent deux conceptions sont axées sur le professeur et la quantité de l'information transmise. Dans cette catégorie, l'enseignement consiste, d'abord, en une présentation des savoirs et il se définit, ensuite, comme une transmission des savoirs de l'enseignant à l'apprenant ; le reste étant centré sur l'étudiant et la qualité de l'apprentissage.

elon les quatre conceptions constituant la catégorie complexe, l'enseignement est considéré comme: la manifestation de l'emploi de la théorie à la pratique, le développement de la capacité professionnelle, l'examen pratique des façons de comprendre selon un point de vue particulier et comme la manière de conduire des modifications conceptuelles.

D'après Loiola et Tardif, les visions complexes forment une façon innovatrice de voir l'enseignement et elles doivent donc être privilégiées. Bien que l'on trouve peu d'informations concernant les attitudes et les comportements des formateurs, on peut relever les indices permettant de préciser leur style d'enseignement préféré et de voir leur intérêt pour le style d'enseignement centré sur les apprenants et leurs besoins (ayant pour indices: la motivation, la collaboration, l'auto-évaluation, la responsabilisation), ou pour celui qui accorde une place privilégiée à l'enseignant.

Quant à la pédagogie de la traduction, il vaudrait mieux privilégier un enseignement centré sur l'étudiant, pour les résultats positifs que ce dernier entraîne dans l'apprentissage de la traduction, en le rendant plus facile, comme le fait remarquer Kelly (2005).

3.3.2 Application des théories en didactique de la traduction

La connaissance des théories de la traduction est nécessaire au traducteur. De même, le formateur de traducteurs doit connaître les principes de la pédagogie. Ces connaissances leur permettent, en effet, de s'auto-évaluer, de reconnaître leurs erreurs et de s'améliorer.

Pour construire une didactique, au vrai sens du terme, de la traduction, on doit comprendre la traduction opération et théoriser sur ce processus. Autrement dit, sans cette théorisation, l'enseignement sera obscur et strictement mené par l'exemple, ce qui est la particularité des disciplines démunies d'aucun fondement théorique.

D'après Kiraly (1995: 2-3), le formateur doit disposer, à la fois, des expériences pratiques et des connaissances théoriques sur le processus traductionnel. Faute de ces dernières, son enseignement ne sera que par tâtonnements, au détriment des apprenants.

L'enseignement de la traduction sera efficace à condition qu'il s'appuie sur des bases théoriques inspirées d'une pratique dont la valeur est confirmée. Ce même didacticien (*Ibid.*: 36) souligne que les chercheurs qui étudient le statut de l'enseignement de la traduction ont constaté qu'il y a un décalage pédagogique entre la pratique en salle de classe, les compétences nécessaires et la compréhension du processus de traduction.

Certaines théories de la traduction sont aujourd'hui présentes dans les manuels de formation à la traduction professionnelle. Pour n'en citer que les plus importantes, nous nous basons sur celles préconisées par Chesterman et Wagner (2002, cité par Chantale Marchand: 2011): la théorie prescriptive, la théorie descriptive et la théorie pratique.

La pertinence de ces trois théories est la pomme de discorde chez les concepteurs de programme de traduction, mais nous sommes d'avis qu'un mélange de toutes ces trois théories est indispensable à la formation de traducteurs.

3.3.2.1 La théorie prescriptive

Cette théorie se dégage, en effet, de toutes les recommandations nécessaires à la réalisation de la traduction.

3.3.2.2 La théorie descriptive

Cette deuxième théorie, comme Chantale Marchand (2011: 11) écrit : « *se trouve dans les recommandations ou les règles prescrites dans l''ouvrage. La théorie descriptive s''attache quant à elle à observer le résultat de la traduction et à lui donner un sens à partir de cadres de références créés pour les besoins de l''enseignement.* »

3.3.2.3 La théorie pratique

Cette théorie, ayant pour objet la facilitation de la traduction, fournit au traducteur les stratégies qui lui permettent de traduire avec plus d'aisance, plus d'efficacité et moins de difficulté.

Le champ d'action de ces trois théories susmentionnées ne peut se limiter à la formation du traducteur professionnel, car en traductologie, les limites de la réflexion s'effacent progressivement.

Comme Marchand (2011: 11) le souligne, l'intégration de ces théories dans la formation du traducteur pourrait aboutir à « *le préparer à une carrière de traductologue, l''amener à mieux apprécier ou comprendre l''activité traduisante ou tout simplement lui fournir un aperçu des avancées dans le domaine de la traduction et de son pendant, la traductologie* ».

La théorie, au sens large du terme, doit comprendre à la fois les aspects prescriptifs, descriptifs et pratiques de la traduction visant à la formation professionnelle du traducteur ; mais il faut noter que chacun de ces aspects peuvent se varier en degré chez les auteurs ayant le style et les champs d'intérêt différents. Maintenant, il nous incombe de nous pencher sur les théories de la traduction.

On peut trouver de nombreuses théories de la traduction dont la multiplicité de classification montre bien la diversité des points de vue. Parmi ces classifications, on peut mentionner par exemple celle de Mathieu Guidère (2008) qui définit cinq théories de la traduction: interprétative, fonctionnaliste, théorie de l'action, théorie du jeu et celle des polysystèmes. Quant autres théories, elles portent le nom d'approche et de modèle comme les approches : linguistique, herméneutique, sémiotique et cognitive.

Au lieu de distinguer les théories, Radegundis Stolze (2008) a classé les différents concepts sur lesquels reposent les théories de la traduction. En abordant les notions de

« *système de la langue, le texte, la discipline, l''activité et le traducteur, Stolze* évoque *respectivement* les concepts *« de déconstruction et d''intraduisibilité de Derrida, les travaux de Nida, les études descriptives de Toury, le concept de loyauté de Nord et la théorie interprétative de l''École de Paris* » (Marchand: 2011: 12). Mais elle nous indique également que parmi les théories de traduction, l'approche comparative de la stylistique comparée, la théorie interprétative et la théorie fonctionnaliste (théorie du Skopos) sont fréquemment employées pour enseigner la traduction non littéraire.

3.3.2.4 L'approche comparative

La méthode de traduction préconisée par Vinay et Darbelnet est une approche comparative qui met l'accent sur un apprentissage de la traduction basé sur le perfectionnement de la langue.

Comme le fait remarquer (Stolze, 2008), pour Vinay et Darbelnet tout texte traduit est le fruit d'un ou plus d'un des sept procédés bien connus de la traduction à savoir emprunt, calque, traduction littérale, transposition, modulation, équivalence, adaptation.

Si on accepte cette affirmation, on doit également admettre que la plupart des formateurs prennent parti pour cette méthode.

Mais comme le souligne Marchand (2011: 12), alors que la méthode de traduction proposée par Vinay et Darbelnet a rendu plus riche le métalangage de la traduction en ajoutant des concepts, mais elle accorde la priorité aux équivalents de mots et d'expressions n'ayant aucun rapport avec l'interprétation du sens. C'est pour cette raison que certains formateurs se dressent contre cette approche.

ais il nous reste à nous demander si ces procédés sont encore en vigueur dans l'enseignement de la traduction.

3.3.2.5 La théorie interprétative

La théorie interprétative, préconisée par Danica Seleskovitch et Marianne Lederer, donne la priorité au sens du texte. Et c'est sur ce point qu'elle s'oppose nettement à l'approche précédente où l'équivalence est au premier plan.

Pour lederer (1994: 15) et les partisans de cette théorie, il faut distinguer « *la traduction linguistique* » qui consiste à restituer les phrases hors contexte de « *la traduction interprétative* » qui restitue le texte.

C'est à partir de cette distinction que Marchand (2011) met en lumière une distinction entre une formation visant à enseigner les langues et une autre ayant pour but d'élargir les compétences traductives professionnelles.

Il est vrai que préciser les processus mentaux qui ont lieu lors de l'acte de traduire et déterminer ce qui se passe dans la boîte noire du traducteur ne sont pas sans difficulté; mais cette difficulté n'empêche pas les chercheurs d'utiliser les protocoles de verbalisation à voix haute qui consiste à étudier les commentaires du sujet traduisant après l'opération de traduction.

3.3.3.5.1 L'analyse des protocoles verbaux

Comme le fait remarquer Fiolà (2003: 20-24), par rapport à l'analyse des protocoles verbaux des professionnels, celle des novices peut être plus significative, « *car chez ceux-ci les étapes de la méthode de travail, la triade « compréhension- déverbalisation-réexpression » de la théorie interprétative, ne sont pas encore passées au niveau de l''automatisme, donc de l''inconscient.* »
Cependant, cela n'apporte rien d'important, car il va de soi que les traducteurs professionnels et les novices ne traduisent pas de la même manière, sinon l'expérience et la formation seraient inutiles.
De plus, ne baser un enseignement de la traduction que sur un modèle de l'opération traduisante, construit selon le processus traductionnel des novices, ne serait pas sans danger. L'analyse des protocoles verbaux des apprentis permet, malgré tout, de rendre compte de la manière de traductions des sujets, d'identifier des erreurs et des problèmes de traduction chez l'apprenti-traducteur.
Pour le didacticien de la traduction, l'analyse des protocoles verbaux n'est pas d'une grande utilité. En effet, son utilité médiocre révèle lorsqu'on compare la connaissance du processus traductionnel des novices et le processus traductionnel employé par des professionnels et que l'on dégage les erreurs des novices.
Bien qu'intéressent, le protocole verbal est douteux à tel point que l'on hésite à y trouver la façon de comprendre le processus traductionnel.
Même si le traducteur professionnel pourrait verbaliser entièrement son

processus traductionnel, ce qui met en évidence ce que le traducteur non professionnel doit faire pour traduire, il ne serait pas certain que tous les traducteurs adoptent la même manière. Il faut déterminer tout ce dont le traducteur a besoin pour réussir, pour traduire correctement et pour comprendre son devoir.

Le protocole verbal ne présente pas de grande utilité ; elle ne révèle qu'une toute petite partie « *du volet « performance » de l''acte traductionnel et non la mobilisation du cognitif* »*(Ibid.)*. On ne peut actuellement définir nettement les composantes du savoir- faire ou le processus mental du traducteur lors de la traduction, on doit donc baser provisoirement la didactique de la traduction sur des hypothèses, même sur des démonstrations.

3.3.2.6 La théorie fonctionnaliste (théorie du Skopos)

Les fondateurs de cette théorie, Katharina Reiß et Hans J. Vermeer, accordent la priorité au Skopos (le but ou la fonction) de la traduction. En effet, pour eux, c'est le but qui fixe les stratégies traductives.

Comme le souligne (Stolze, 2008 : 172, cité par Marchand, 2011 : 13), « *la cohérence du texte traduit, la conformité de ce dernier à la situation de communication et la satisfaction des parties impliquées dans cette situation* » sont les paramètres d'une traduction réussie. Un autre spécialiste dans le domaine de l'enseignement de la traduction, Gentzler (2001), met en lumière des avantages de cette théorie. Selon lui, cette théorie a accordé une place privilégiée au traducteur en évoluant les discussions qui portent sur la question de la fidélité au texte original. En effet, il ne s'agit plus de sourcier et de cibliste: le traducteur doit adopter une stratégie traductive qui pourra satisfaire le but final. D'après ce chercheur, cette théorie peut s'appliquer à la traduction de documents administratifs et politiques, et notamment à la pédagogie de la traduction. En s'appuyant sur les apports des théoriciens de cette théorie, notamment la typologie textuelle (appellative, informative, descriptive) de Reiß,

Christiane Nord a préconisé, à son tour, une approche pédagogique pour la formation des traducteurs.

3.3.3 Approches appliquées à l'enseignement de la traduction

Dans les pages qui suivent, nous présenterons les principales approches en didactique de la traduction avancées par les spécialistes de ce domaine, pour en dégager les principales caractéristiques. Cette représentation nous donnera une vue claire concernant les influences qu'ont exercées ces approches sur la pédagogie de la traduction et la formation des formateurs.

En 2005, Dorothy Kelly met en scène des éléments constitutifs d'un programme de traduction comme les plans de cours, les dynamiques de classe et les types d'évaluation. Son ouvrage, intitulé *A Handbook for Translator Trainers,* permet aux formateurs de déterminer leurs priorités pédagogiques et d'aller chercher dans les approches proposées par des chercheurs. Comme elle le fait remarquer, la pédagogie a subi des changements et les formateurs en traduction s'intéressent actuellement aux approches centrées sur l'étudiant et son apprentissage.

Elle a classé les approches actuelles en pédagogie de la traduction en catégories suivantes:

1. L"importance d"établir des objectifs d"apprentissage (Delisle)

2. Les approches axées sur la profession et centrées sur l'étudiant (Nord)

3. Les approches orientées processus (Gile)

4. La recherche cognitive et psycholinguistique appliquée à la formation (Kiraly et autres)

5. L"approche situationnelle (Vienne et Gouadec)

6. Les approches basées sur la tâche (Hurtado Albir et González Davies)

7. Pour un équilibre entre l'analyse consciente et la découverte subliminale (Robinson)

8. L"approche socioconstructiviste (Kiraly) » (Cité par Marchand, 2011: 31)

Pour présenter les approches préconisées par chacun de ces écrivains, nous nous baserons sur le compte-rendu que Chantale Marchand (2011, 30-56) en fournit dans son mémoire intitulé *De la pédagogie dans les manuels de traduction, Analyse comparative des manuels anglais-français, publiés en Amérique du Nord et en Europe depuis 1992.*

3.3.3.1 L'importance des objectifs d'apprentissage

Dans son livre intitulé *L"Analyse du discours comme méthode de traduction* (1980), Jean Delisle passe en revue les stratégies pédagogiques traditionnelles. Il s'est penché sur les stratégies d'enseignement ainsi que sur la façon de concevoir l'activité traduisante, notamment sur le plan cognitif et, de là, il a proposé une méthode d'enseignement, fruit de la synthèse de ses observations. Pour développer cette conception de la traduction, Delisle s'est appuyé sur la théorie interprétative ainsi que sur l'apport des stylisticiens comparatistes (Delisle, 1992: 38).

En effet, à l'appui des exercices, il met en lumière les inconvénients du transcodage et il s'intéresse également à la question de la qualité de la réexpression dont il montre les principales caractéristiques. Ces exercices présentent également les divers « niveaux d'interprétation du processus de la traduction » ou « d'exégèse lexicale», soit le report, la réactivation et la recréation.

Les répétitions, les métaphores, l'organicité textuelle et la cohérence comptent parmi les 23 objectifs abordés dans ledit ouvrage. En effet, il définit ces objectifs en fonction de « *quatre paliers du maniement du langage* », à savoir « *conventions de l"écriture, l"exégèse lexicale, l"interprétation de la charge stylistique et l"organicité textuelle.* » (Marchand, 2011: 32)

Dans chaque texte, il y a des éléments qui relèvent des connaissances extralinguistiques et qui jouent un rôle primordial dans l'élaboration de traductions fidèles au sens du texte original. Delisle aborde également ces

éléments. On ne peut et ne doit pas nier que ce sont ces éléments qui déterminent le degré de la qualité du texte traduit.
Comme le fait remarquer Jean Delisle (2005), pour conformer l'enseignement à la raison, il incombe à tout pédagogue et tout auteur de manuels de traduction de s'appuyer sur des acquis modernes sur lesquels il existe un consensus général parmi les pédagogues. Il propose donc un enseignement par objectifs d'apprentissage fondé sur la taxinomie des objectifs cognitifs de Bloom (1956). Cette théorie liste les stratégies de traduction en fonction de divers facteurs dont l'époque, le public visé, la finalité assignée à la traduction, etc.
Pour (Delisle, 2005: 85), le pédagogue doit être muni de l'outillage conceptuel jugé nécessaire à l'enseignement et pour ce faire, il ne doit pas se contenter d'un ouvrage théorique.
Cette approche présente de nombreux avantages. Comme le souligne (Delisle, 2005: 74), elle « *fait appel à l''imagination et à la créativité du professeur*». Grâce àcette approche, l'enseignant peut mieux élaborer son cours et les unités qui le composent et déterminer la priorité accordée à chacun d'entre elles. De plus, cette approche s'oppose à l'empirisme qui domine dans les cours de « *traduction/correction en groupe [où] les difficultés de traduction sont abordées au hasard des textes étudiés*» (Delisle, 1980: 14)
Dans son livre intitulé *La traduction raisonnée*, Delisle énumère 56 objectifs spécifiques dont les deux derniers, appelés remémoration et création discursive, ont été étudiés de nouveau. Les créations discursives renvoient à la créativité du traducteur et requièrent des procédés comme l'analogie, étant basées sur l'interprétation du sens du texte à traduire.
Comme le fait remarquer Delisle, ces objectifs permettent « [...] 1) *de faciliter la communication (professeur-étudiant/professeur professeur); 2) de faciliter le choix des instruments pédagogiques; 3) de susciter des activités d''apprentissage et 4) de fournir des bases d''évaluation* » (Delisle, 1992: 40).

Delisle définit également huit objectifs généraux (1992, 1993, 2003) qui concernent:

1) le métalangage de la traduction;

2) la documentation de base du traducteur;

3) la méthode de travail;

4) le processus cognitif de la traduction;

5) l''étude des difficultés d''ordres typographique, lexical, syntaxique et rédactionnel. »

Ce chercheur accorde de l'importance au traducteur qui est au centre du processus cognitif de la traduction et qui fait preuve de la créativité. Ce sont l'opération de traduction, sa méthode, ses difficultés et ses outils qui ont retenu l'attention du chercheur.

Le transcodage des formes linguistiques et l'interprétation du sens du texte original sont deux façons de voir différemment l'activité traduisante. Ils requièrent des stratégies différentes et aboutissent aux résultats dissemblables.

La théorie interprétative accorde une importance toute particulière aux créations discursives qui sont supérieures au report ou à la remémoration. C'est sur ce point que cette théorie se distingue des théories linguistique et comparative.

Ce qui se trouve à l'origine de l'enseignement de Delisle c'est la théorie interprétative, néanmoins l'approche comparative est aussi présente dans les ouvrages de cet auteur, car comme il le fait remarquer lui-même : « *il serait naïf de croire que la traductologie peut se passer de l''acquis de la linguistique, et erroné de penser que la linguistique peut à elle seule rendre compte des faits de traduction* ». (Delisle, 2005: 88).

3.3.3.2 L'approche fonctionnelle centrée sur la profession et l'étudiant

La préoccupation centrale de la théorie fonctionnelle, mise en avant par Christiane Nord, c'est la question de la « fonction ». Nord est partie du postulat que c'est le but du texte à traduire qui détermine les stratégies de la traduction et non pas l'auteur du texte original. De plus, ce but n'est pas déterminé au hasard, mais en réalité, il dépend des besoins et des attentes du destinataire du texte traduit. Il est à noter que cet objectif n'est pas forcément identique à celui du texte original.

Nord contribue également à aider les traducteurs à déterminer avec plus de précision le but du texte à traduire. En effet, pour lui, le traducteur avant de procéder à traduire doit répondre à quelques questions qui lui permettent de réaliser une traduction qui respecte les besoins des destinataires du texte traduit. En voici quelques-unes : « *Qui traduit un texte, à qui, dans quel but, par quel médium, où, quand, pourquoi? Quoi dire (ou ne pas dire), dans quel ordre, en utilisant quels éléments non verbaux, dans quels mots,dans quels types de phrases, dans quel ton et pour quel motif?* » (Nord, 1988: 170, cité par Marchand, 2011: 36)

D'après Christiane Nord (1996a), il incombe à tout enseignant de mener les étudiants à traduire en respectant les besoins des récepteurs cibles dans la culture d'accueil. Dans le cadre de cette approche, l'enseignant doit leur fournir des critères permettant d'évaluer leurs traductions et de justifier leurs choix traductifs.

Dans l'enseignement de la traduction, cette approche est fondée sur trois principes : le principe d'authenticité, le principe de communication et le principe de transparence.

Selon le premier, on doit traduire des textes authentiques et représentatifs de la traduction professionnelle. Selon le principe de communication, le texte doit être présenté dans sa situation de communication et selon le dernier principe, l'enseignant doit présenter ses attentes soit sous forme d'instructions soit sous forme « *d'un cahier des charges de l''apprenti* ».

Dans le cahier des charges, il s'agit de « *la ou les fonction (s) communicative (s) du texte d''arrivée (informative ou appellative, par exemple); 2) les destinataires; 3) la date et le lieu de réception; 4) le moyen de transmission et 5) le motif pours lequel le texte doit être traduit.* » (Nord, 1996: 94).

Pour Stolze (2008), bien que cette approche tienne compte du donneur d'ouvrage, mais concernant la pratique de la traduction, elle donne peu de conseils concrets. Elle fait remarquer que malgré la focalisation sur la fonction, Nord ne dit rien sur ce qui rend plus fonctionnelle une stratégie qu'une autre. (Stolze, 2008: 194).

Pour Kelly (2005), cette approche nous apporte plusieurs éléments pratiques don't « *propositions pédagogiques concernant la conception du cours (curricular design), la sélection du matériel, les activités et l''évaluation.* » (Marchand, 2011: 34)

3.3.3.3 Un enseignement centré sur le processus de traduction

Daniel Gile oppose l'enseignement fondé sur le texte traduit à celui basé sur la démarche de traduction ou l'enseignement envisagé comme processus.

Il ne refuse ni la correction des erreurs de traduction ni l'évaluation du texte traduit, mais il est parti d'une certaine progression dans l'enseignement. Pour lui, la qualité de la traduction n'est pas négligeable et elle compte parmi les thèmes abordés dans ses ouvrages.

Dans l'enseignement qu'il propose, les novices adoptent des stratégies proposées permettant de développer une bonne méthode de traduction. Une fois la maîtrise des techniques traductives acquise, l'enseignement sera focalisé sur le texte traduit et sur son évaluation.

Pour Gile, la qualité du texte traduit dépend de multiples paramètres, y compris « *les paramètres textuels (clarté, justesse, sens), extratextuels ou attitudinaux (respect des échéanciers, esprit de collaboration, motivation, etc.)* » (Marchand, 2011: 36)

De plus, Gile fournit un Modèle séquentiel de la traduction favorisant la détection et la prévention des erreurs sémantiques, terminologiques et phraséologiques. Ce modèle met en évidence la succession des activités d'analyse, de formulation d'hypothèses, et leur mise en vigueur ainsi que la succession du recours aux connaissances linguistiques et encyclopédiques et la recherche documentaire.

Comme le fait remarquer Gile, la mise en œuvre régulière du modèle contribue de façon significative à l'intégration des concepts essentiels de la traduction.

Ce modèle qui constitue en quelque sorte une stratégie pédagogique recueille les informations qui ont rapport à la question et de là, cerne la portée des connaissances afin de favoriser l'intégration des concepts essentiels de la traduction.

Gil a mis l'accent sur la recherche documentaire conçue comme une composante essentielle de la démarche du traducteur. Il a expliqué en détail « *les sources internes et externes, les critères de sélection des sources et la façon de traiter avec les sources humaines.* » (Marchand, 2011: 38)

Gile aborde également des éléments relatifs aux intervenants à la traduction comme traducteur, auteur, le public visé etc. et leur diverses intentions (informer, expliquer, convaincre…), chacun d'entre eux a une influence particulière sur les choix du traducteur.

En effet, tout comme Delisle et Nord, Gile considère la traduction professionnelle comme un acte de communication. Parmi les modèles qu'il a proposés pour conceptualiser les étapes ou les principes de la traduction, on peut mentionner le Modèle de disponibilité linguistique qui met en évidence l'importance d'optimiser les langues de travail. En donnant une explication descriptive sur les théories de la traduction, ce chercheur (2005) a construit un pont entre la théorie et la pratique de la traduction.

3.3.3.4 Un enseignement basé sur les approches cognitives et psycholinguistiques

Donald Kiraly compte parmi ceux qui ont utilisé les protocoles de verbalisation à voix haute (TAPs), l'un des outils de l'approche cognitive et psycholinguistique. À partir des résultats de ses recherches avec 18 sujets et dans le contexte d'un cours de traduction de l'allemand à l'anglais, ce chercheur a proposé un modèle du processus de la traduction selon lequel l'enseignant doit mener les apprenants à prendre conscience de leur rôle et procéder à l'analyse des erreurs permettant de détecter l'origine des erreurs et de les prévenir et de résoudre les problèmes de traduction. (Kiraly, 1995, cité par Kelly, 2005: 15).

« *l'authenticité, la collaboration et la compétence du traducteur* » constituent les trois piliers de Kiraly (2000: 193). Il préconise ainsi les principes de l'approche constructiviste:

1. Le professeur mène les étudiants à produire des traductions authentiques ayant une rétroaction de la part de clients réels ;
2. L'enseignant demande aux apprenants de fournir plusieurs traductions viables (traductions parallèles) qui répondent aux fonctions d'une traduction acceptable pour le public visé ;
3. Au cours des travaux collectifs, les apprenants ont l'occasion de discuter de leurs problèmes rencontrés lors de la traduction et de les résoudre ensemble en respectant des normes ;
4. On a remplacé le terme de la « bonne traduction » par celui de la « traduction viable » qui respecte les normes et viole au besoin et qui prend en considération le contexte social où s'inscrit la traduction ;
5. Pour rendre l'apprenant de plus en plus autonome, il est impératif que le rôle de l'enseignant disparaisse progressivement. En effet, les apprenants sont souvent accoutumés à la transmission des savoirs et la disparition brutale du guidage risque de les déstabiliser ;
6. Les novices sont petit à petit intégrés dans la communauté de professionnels.

Ils doivent élargir leurs propres stratégies et adopter des comportements professionnels. L'instructeur/facilitateur, qui est familier avec l'environnement professionnel de la traduction et les normes de cette activité, étant très efficace porte une aide considérable.

Le travail en équipe comme simulation ou projets de traduction authentique présente quelques inconvénients. Comme le font remarquer (Kiraly, & coll. 2003: 51- 57), dans un travail collectif, la contribution et l'apport réel de chacun des étudiants ne sont pas identiques; « *en effet, le niveau de confiance que chaque étudiant possède en ses propres capacités est variable et influence le degré de contrôle qu"il exercera au sein de son groupe; certains étudiants auront par conséquent plus de difficulté à communiquer leurs idées et les faire accepter par le groupe* ». De plus, concernant le style d'enseignement, il varie selon le travail collectif, c'est pour cette raison que certains proposent une amalgame de styles transmissionnistes et centrés sur l'étudiant.

Mais ces défauts ne peuvent cacher l'importance des dynamiques sociales et il incombe à tout apprenant de les développer.

'approche socioconstructiviste qu'il préconise atteint la dynamique en définissant les rôles de l'apprenant et ceux de l'enseignant. De plus, on peut constater que cette approche est dans le même sens que l'enseignement centré sur l'apprenant. En effet, elle favorise à la fois l'autonomie et la prise de la responsabilité nécessaires à l'exercice de sa profession.

D'après Chantale Marchand (2011: 41), l'authenticité préconisée par Kiraly accompagnée de l'ouverture d'esprit de l'enseignant et de l'adaptation aux personnalités des apprenants pourra: « *1) faciliter l"apprentissage dans un contexte authentique; 2) mieux préparer l"étudiant aux réalités du monde professionnel et 3) aider les étudiants les plus introvertis à développer des compétences interpersonnelles indispensables à leur insertion professionnelle.* »

Dans ses recherches de 1995, Kiraly met en valeur les aspects cognitifs de l'apprentissage mais suite à une révision qu'il fait de ses recherches en 2000, en éprouvant une vision plus holistique de l'apprentissage, il souligne qu'il y a une relation étroite entre les processus de pensées, l'histoire sociale et les interactions interpersonnelles du traducteur, de sort que l'on ne peut les analyser séparément (Kiraly, 2000: 7). Il met aussi l'accent sur l'authenticité du texte à traduire ainsi que sur celle des conditions d'exécution.

3.3.3.5 Think Aloud Protocols ou protocoles de verbalisation à voix haute

La question du processus mental de la traduction devient le thème de prédilection des chercheurs à la fin du XX siècle. Jääskeläinen (1998) est d'avis que ces derniers empruntent leurs méthodes de cueillette de données à la psychologie et que leurs méthodes d'analyse et de description des données s'inspirent aussi bien de la psycholinguistique que de la psychologie sociale et cognitive, ayant un intérêt particulier pour la résolution de problèmes, à la créativité et aux critères de prise de décision en traduction.

Le questionnaire et les TAPs (Think Aloud Protocols ou protocoles de verbalisation à voix haute) sont les outils de prédilection des méthodes d'introspection. Le premier consiste à demander au répondant de commenter le texte après l'opération de traduction. Quant au deuxième, l'apprenant est invité à expliquer ce qui se passe dans son esprit lors de la traduction.

Malgré ses limites (comme l'impossibilité d'accéder aux mécanismes inconscients lors de l'opération de traduction), les protocoles de verbalisation présentent de précieux avantages concernant, en particulier, la motivation des traducteurs et la qualité de la traduction.

Malgré le manque d'études longitudinales sur la méthode des TAPs, les recherches menées à partir des protocoles ont montré des observations intéressantes concernant la qualité de la traduction et la motivation des traducteurs.

Riitta Jääskeläinen, dans l'une de ses recherches à partir des protocoles de verbalisation à voix haute pour étudier les éléments intervenants dans la qualité de la traduction a donné un texte en anglais à douze sujets et leur a demandé de le traduire en finnois. Les sujets comprenaient quatre non spécialistes ayant un bon niveau, quatre étudiants en traduction (deux en 1ère année et deux en 5ème année de programme); quatre traducteurs professionnels ayant 10 à 15 ans d'expérience de traduction.

Les résultats de ses analyses montrent bien que les traducteurs professionnels ne traduisent pas forcément avec promptitude. En réalité, en plus de la compétence traductive ou linguistique, la qualité de la traduction dépend du temps consacré et des recherches effectuées sur le sujet du texte à traduire. Plus, le traducteur consacre du temps à la traduction, plus le résultat est satisfaisant.

Suivant ses recherches effectuées à partir des TAP (1998), elle avance quelques hypothèses concernant les qualités des traducteurs professionnels permettant de les distinguer des apprentis. Pour elle: «*Les apprenants d''une langue se concentrent davantage sur le transfert lexical; les traducteurs professionnels, sur le style et les besoins du public cible; les traducteurs professionnels sont mieux à même d''identifier les problèmes potentiels que recèle le texte à traduire et passent plus de temps à les résoudre; plus la compétence augmente chez le traducteur, plus celui-ci est sensible aux problèmes posés par la traduction; les traducteurs professionnels peuvent passer d''une opération automatisée à un processus d''analyse conscient, selon que la tâche représente une activité de routine ou une activité nouvelle.* » (Jääskeläinen, 1998 : 268, cité par Marchand, 2011: 43).

Cette approche permet de détecter et de résoudre des problèmes de traduction, de développer des compétences comme la documentation, de familiariser les apprenants avec les phases de la traduction, de développer leurs stratégies. Ainsi, l'apprenant développe-t-il ses compétences attitudinales comme la confiance en soi, la motivation. La confience de soi mène à la prise de responsabilité chez l'apprenant et à une vision réaliste de la qualité de la traduction tout en considérant ses points faibles et forts.

De plus, cette approche, que Kelly nomme *la recherche cognitive et psycholinguistique appliquée à la formation*, ne préconise aucune stratégie pédagogique. Elle montre les qualités des traducteurs professionnels ainsi que les stratégies qui assurent la réussite du traducteur.

De plus, la méthode des TAPs met en évidence l'hétérogénéité des processus de traduction. Cette hétérogénéité est essentiellement due au genre de textes, au type de la traduction (thème ou version), au type de sujet (étudiant en traduction vs traducteur professionnel).

Un autre thème de prédilection de la chercheuse est les facteurs psychologiques ayant un impact sur la qualité de la traduction dont la motivation, la confiance en soi et l'estime de soi.

Concernant la motivation, Jääskeläinen souligne que la traduction demande de la part du traducteur une attitude positive et active, mais le degré de cette motivation jugée nécessaire varie d'une tâche à l'autre. Elle a mis donc en valeur l'importance de la motivation dans la recherche de solutions créatives en traduction.

Il ne faut pas perdre de vue l'effet positif qu'exerce la confiance en soi sur la qualité de la traduction dans certains contextes comme dans des tâches non routinières. C'est pourquoi Jääskeläinen préconise de le développer chez l'apprenant.

Selon la croyance populaire, le traducteur parfait est à même de produire sans peine et en un laps de temps bien limité des traductions qui atteignent toute la perfection que l'on peut concevoir. Mais, le traducteur parfait tel que d'aucuns le conçoivent à tort, ne peut manquer d'avoir un effet négatif sur l'estime de soi des apprenants. L'apprenant qui n'a pas encore d'expérience professionnelle, ne peut répondre à cette attente, ce qui pourrait atteindre sa confiance en soi.

3.3.3.6 Le Groupe de recherche TRAP et l'approche basée sur la résolution de problèmes

Gyde Hansen (1999), du Translation Process research group de la Copenhagen Business School, se penche sur les questions de la lenteur, de la stagnation et des progrès des apprenants pendant leur formation en traduction et essaie d'en trouver les origines et de favoriser la formation des traducteurs.

Pour lui, les origines de la stagnation et de la lenteur peuvent être multiples. Sur ce sujet, il a évoqué des interférences, le contexte non authentique et artificiel et en particulier, les processus cognitifs.

Comme le souligne Hansen, pendant longtemps, les problèmes de traduction ont été envisagés du point de vue du texte traduit. Pour lui, l'examen du processus de traduction peut aider les apprenants à acquérir la traduction. Il fournit, en effet, de nouvelles stratégies traductives convenables et joue un rôle important dans la prévention des fautes.

Dans le but d'améliorer l'apprentissage des apprentis traducteurs, le chercheur a donc mené une expérience avec quatre sujets – étudiants de dernière année d'un programme de traduction et interprétation au Danemark. Pour que les résultats ne soient pas altérés des préférences personnelles, il a employé la rétrospection et le logiciel Translog.

La rétrospection a mis en évidence « *la conscience qu"avaient les sujets de leur propre compétence pour 1) résoudre des problèmes précis de traduction à l"intérieur du texte (emploi de microstratégies) et 2) rendre un texte respectant la situation de communication (emploi de macrostratégies)* » et le logiciel Translog « *qui lui permet de déterminer les pauses, corrections et mouvements de curseurs effectués par les sujets.*»

Cette recherche met en évidence le fait que concernant l'approche de résolution de problèmes, ces sujets agissent différemment. De plus, ces derniers possèdent des degrés de conscience différents concernant les problèmes rencontrés lors de la traduction et concernant la compétence qu'ils ont montrée pour les résoudre.

Son expérience montre que certains novices sont plus attentifs et qu'ils hésitent plus, tandis que d'autres n'hésitent pas à faire des hypothèses pour prendre des décisions raisonnables.

Selon ce chercheur, il incombe à tout traducteur d'adopter des macrostratégies de travail et de lire attentivement le texte pour découvrir des éléments contextuels grâce auxquels il peut trouver le sens des termes qui n'ont pas d'équivalence dans des ouvrages de référence.

De plus, l'examen attentif des variantes rencontrées chez les sujets peut nous aider à identifier divers types d'approches de résolution de problèmes. Il est à noter que l'on peut évaluer ces types d'approches de résolution de problèmes en fonction de leur efficacité et en fonction de contextes spécifiques.

3.3.3.7 L'approche situationnelle

C'est à Jean Vienne que l'on doit l'approche situationnelle. Cette approche a tenu la place de la précédente approche qui était basée sur l'analyse contrastive et sur la découverte des problèmes de traduction et qui était employée à l'Université de Turku, en Finlande (l'ancien institut des langues de Turku).

Selon cette approche, on doit destiner la première année d'enseignement à l'analyse et à la production des textes; les stratégies de traduction concernant la recherche documentaire, la méthodologie, la révision et les rapports avec les clients comptent parmi les objets qui seront étudiés durant les deuxième et troisième années de formation.

Dans le cadre de l'approche situationnelle, l'enseignant divise la classe en sous-groupes de cinq étudiants auxquels il donne cinq textes pragmatiques. L'enseignant qui les a traduits, demande aux apprenants d'élaborer des questions comme:

-Qui doit répondre aux questions du traducteur (auteur, responsable, spécialiste ou bien récepteur ciblé dans la culture d'accueil)?

-Quels sont, le public cible et source, la taille des textes cibles et sources?
-Quel matériel auxiliaire (ex: vidéos) et quelles informations (traducteurs du texte dans d'autres langues) le client peut offrir?
Ensuite, les apprenants discutent de ces questions avec l'enseignant qui joue le rôle du donneur d'ouvrage.
Au cours d'une activité de cette approche, les étudiants sont appelés à trouver des textes parallèles qui seront employés pour construire un dossier. En effet, selon cette approche, pour élargir la compétence de la production écrite, l'apprenant doit, au lieu de consulter des dictionnaires, faire des analyse de texte en langue cible.
Dans cette approche, comme le projet final, les étudiants doivent présenter une traduction authentique. Pour ce faire, ils doivent donner également des commentaires et ils peuvent jouir des avis des donneurs d'ouvrages.
Dans le programme que propose cette approche, l'effort et la patience comptent parmi les exigences pour l'enseignement. Ce programme a engendré des résultats positifs concernant la motivation des étudiants et des enseignants.
De plus, dans cette approche les apprenants sont encouragés à acquérir le sens des responsabilités; les exercices de traduction à valeur sommative ont été abandonnés et l'emploi des tâches de traduction contextualisées est privilégié.

3.3.3.8 Un enseignement basé sur les besoins du marché de la traduction

Pour Daniel Gouadec, un autre partisan de l'approche situationnelle, l'enseignement doit être basé sur les besoins du marché de la traduction. Dans cette formation, grâce à l'examen des offres d'emploi et de la situation de travail, on peut déterminer les compétences demandées sur le marché de la traduction.
Comme le précise toutefois Gouadec, « *il ne s"agit en aucune façon de faire rentrer les traducteurs dans le trou de souris que constituerait l"offre de tel ou tel employeur; il s"agit de leur permettre de répondre à toute éventualité* […] » (Gouadec, 2000: 17, cité par Marchand, 2011: 47).

Cette formation est composée de trois phases qui sont respectivement la simulation, l'émulation et l'immersion. C'est à la deuxième phase que le futur traducteur procède à la traduction authentique pour les clients. A la fin de ces phases, le traducteur doit pouvoir travailler avec les professionnels du domaine en respectant des normes de la pratique.

Gouadec (2003) demande aux apprenants d'effectuer un projet de traduction authentique de quelque 200 pages durant une année universitaire. Pour ce faire, les étudiants procèdent à la traduction selon un modèle d'assurance qualité comprenant 65 étapes. Une fois la traduction accomplie, le texte traduit sera révisé successivement par des traducteurs, des chefs d'équipes et des coordonnateurs assignés aux divers domaines de compétence et enfin le formateur. En plus de la traduction, les apprenants mettent en page des tableaux, des graphique, etc.

Pour sa part, l'enseignant joue le rôle de conseiller et de superviseur en donnant les propositions nécessaires à l'élaboration de la traduction et en cas de nécessité, il donne un enseignement ponctuel.

Un tel projet qui est proche à peu près de la pratique professionnelle permet aux apprenants d'acquérir des compétences concernant la gestion des ressources humaines ainsi que celle des ressources matérielles et de prendre conscience de leur rôle dans la gestion des opérations. Dans l'approche préconisée par Gouadec, l'apprenant est au centre de l'enseignement. Aussi, les thèmes relatifs aux aspects métacognitifs de l'apprentissage comme la prise de la responsabilité et la capacité de travailler en équipe sont-ils abordés. Comme le fait remarquer (Gouadec, 2003: 17), ce modèle brise la monotonie dans les cours et en leur fournissant des activités pour l'enseignement en classe, il partage à éveiller l'intérêt chez les apprenants.

Pour Gouadec (2003), l'université est un lieu qui atteint toute la perfection que l'on peut souhaiter pour enseigner les stratégies de la traduction. En effet, dans les universités, il n'existe pas de contraintes temporelles et économiques intrinsèques à la pratique de la traduction professionnelle. Dans cette approche, l'accent est mis sur l'importance de de la terminologie spécialisée aussi bien que sur la technologie. Selon lui, dans une formation idéale, les apprenants ont l'occasion d'éprouver un poste de travail à peu près proche de celui de traducteur professionnel. Cette formation demande l'apprentissage de la gestion des dossiers aussi bien que de la gestion des techniques de documentation. L'authenticité et la création sont également des questions bien illustrées dans son modèle.

Au sens de ce traducteur, « tout "modèle" est la résultante de choix spécifiques effectués par un groupe de gens à une période et dans un contexte donnés » (Gouadec, 2003 : 19). Cependant on ne peut pas nier que les bases du modèle sont universelles et qu'elles ne se limitent pas à un temps donné et qu'elles excitent toujours le débat sur les bases épistémologiques d'une pédagogie appropriée dans le domaine de la traduction.

3.3.3.9 L'approche basée sur la tâche

C'est à Hurtado Albir et ses collaborateurs (1996, 1999) que l'on doit l'approche basée sur la tâche (Enfoque por tareas de traducción). Cette approche se fixe un projet final qui sera réalisé par l'intermédiaire des tâches propres à chaque unité didactique. Selon Hurtado Albir, la tâche de traduction est une « *unité de travail dans la salle de cours représentative de la pratique traductive et conçue spécifiquement pour l''apprentissage de la traduction à partir d''un objectif concret, d''une structure et d'une séquence de travail* » (Hurtado Albir, 1999: 56).

L'enseignant, pour sa part, exprime en termes nets le titre, l'objectif et le matériel nécessaire à la réalisation de la tâche et son type d'évaluation. Ces tâches contribuent à faire acquérir ou à stabiliser les connaissances jugées nécessaires à l'élaboration du projet final. Chacune de ces tâches pose des problèmes particuliers et en les effectuant, l'étudiant élargit des stratégies d'apprentissage ainsi que celles de traduction.

Dans le cadre d'un cours d'initiation à la traduction directe qu'elle préconise (1999), les apprenants doivent à leur tour acquérir les principes méthodologiques et dominer les aspects contrastifs. Quant aux principes méthodologiques, ils comprennent l'objectif communicatif de la traduction, des connaissances encyclopédiques, la recherche documentaire et la capacité de résoudre les problèmes traductifs. Les aspects contrastifs comprennent des systèmes et les règles d'écriture différents et tout ce qui provoque les interférences lexicales. De plus, il leur incombe de maîtriser les aspects professionnels et de trouver et de résoudre les problèmes potentiels qui se dressent sur la voie de la traduction. Connaître le marché de la traduction, les outils indispensables à la pratique de la traduction et les phases de la traduction font partie des aspects professionnels de la traduction. Les problèmes de la traduction peuvent concerner « *le texte (ton, mode, style et domaine), la culture (dialectes sociaux, dialectes géographiques, dialectes temporels, idiolectes) et le genre d''écrit (textes narratifs, descriptifs, conceptuels, argumentatifs, instructifs ou discours)* » (Marchand, 2011: 49).

Evoquant donc un ensemble de concepts clés abordés dans des ouvrages de ses collègues chercheurs comme Delisle, Gile, Kiraly et Nord, cet auteur insiste dans son approche, sur un enseignement centré sur l'apprenant. Cette dernière compte parmi des approches complètes, puisque la chercheuse a puisé dans de grands ouvrages récents en pédagogie de la traduction elle en a emprunté des idées.

Ainsi, l'apprenant prend conscience de son rôle et apprécie le résultat de ses efforts d'apprentissage. Comme le fait remarquer Hurtado Albir (1999: 57), l'interaction avec les apprenants permet à l'enseignant de définir les unités de son cours et de savoir s'il doit les modifier. Cette approche aide à organiser l'enseignement et à définir les objectifs du cours. Elle se penche également sur la question de la priorité des objectifs ainsi que sur les tâches permettant de les atteindre.

Un enseignement basé sur l'interaction et les exercices collaboratifs

Pour développer les compétences chez les apprentis, Maria González Davies, pour sa part propose une approche basée sur la tâche et les exercices collaboratifs. En effet, dans cette approche, l'apprenant participe à des discussions et prend en charge une partie de son apprentissage.

Comme le fait remarquer González Davies (González Davies, 2003 : 14), son approche est basée sur l'interaction ; les apprenants apprennent par interaction avec les autres et l'enseignant joue le rôle de guide.

Cette chercheuse a mis l'accent sur le fait que pour mieux répondre aux besoins des apprenants, le formateur doit être en mesure de varier les approches pédagogiques. Selon elle, dans l'enseignement axé sur la transmission des savoirs, autrement dit, la performance magistrale, l'enseignant devrait y insérer des projets de traduction authentiques et des activités de groupe.

Pour faire connaître aux futurs traducteurs diverses approches en traduction (humaniste, fonctionnaliste, cognitive, linguistique etc.), elle emprunte des ouvrages des autres chercheurs comme Delisle, Gile, Gouadec, Kiraly, Nord, Robinson et évoque des concepts clés en traduction dans son livre intitulé *Multiple Voices in the Translation Classroom* (2004).

L'approche préconisée par González Davies vise également à promouvoir une traduction permettant de réduire les obstacles culturels qui empêchent la communication. Pour ce faire, cette approche met en évidence les similitudes et les décalages culturels dus aux visions du monde différentes et incite les apprenants à comparer diverses traductions du texte en considérant leurs contextes politiques et historiques et à pratiquer une traduction orientée vers le lecteur auquel cette approche accorde une importance toute particulière. Les exercices proposés permettent aux apprenants de se familiariser avec les différentes façons de traduire les références culturelles ainsi qu'avec des stratégies destinées à surmonter les obstacles culturels. Il est à noter que ces exercices concernent divers domaines médicaux, littéraires, cinématographique, etc. en favorisant la prise de responsabilité et en développant la créativité chez l'apprenant. De plus, comme le fait remarquer González Davies (González Davies, 2004: 4), uncertain nombre de ses activités sont à caractère ludique, ce qui réduit l'inhibition et favorise ainsi la relaxation et la motivation.

Grâce à ces tâches, les futurs traducteurs apprennent à traduire rapidement (tout en recherchant la qualité) et à deviner le sens à partir du contexte qui joue un rôle tout important dans la traduction. Ces exercices permettent également l'acquisition des connaissances linguistiques et extralinguistiques et l'habileté de transfert.

Dans son ouvrage, la chercheuse a bien défini les objectifs et les conditionnes de réalisation de ces tâches. Ces dernières aplanissent le terrain aux apprentis pour effectuer des projets de traduction authentique. Elles contribuent, en effet, à développer les compétences spécifiques à la pratique de la traduction comme *« l'habileté à gérer et à évaluer son travail de manière autonome, à détecter et à résoudre rapidement les problèmes potentiels d"un texte à traduire, à justifier ses choix de traduction et à respecter les échéanciers.* » (Marchand, 2011: 51)

Pour préconiser cette pédagogie de la traduction, González Davies s'est appuyée sur les théories interprétatives et fonctionnalistes dont on trouve les traces dans les objectifs suivants : prendre conscience du fait que la traduction ne se réduit jamais à un simple transcodage et que la traduction littérale aboutit à des résultats dangereux ; devenir conscient de la finalité rattachée au texte cible et étudier à fond divers types de textes ainsi que les fonctions du langage.

3.3.3.10 Un enseignement basé sur les perspectives psychologiques et subliminales

Robinson (1997) préconise un modèle de l'enseignement de la traduction basé sur les perspectives psychologiques et subliminales.

Pour lui, outre les mots, le registre et l'analyse du discours, l'enseignement de la traduction doit tenir compte du traducteur, de sa façon de voir sa traduction et des gens qui l'entourent.

Robinson met l'accent sur des compétences attitudinales comme « *la motivation intrinsèque, l''ouverture, la réceptivité, le désir constant d''évolution, d''exploration et dedécouverte, l''engagement envers la profession et un attrait pour les mots, les défis intellectuels et les gens.* » (Robinson, 1997 : 41-42, cité par Marchand, 2011: 53).

Il évoque l'autoanalyse sur le type d'apprenant et delà, il renforce de plus en plus l'aspect personnel de la traduction Concernant l'apprentissage de la terminologie, ce chercheur préconise diverses activités y compris l'examen des émissions télévisées, la discussion et la collaboration avec des spécialistes dans des domaines spécialisés.

Grâce à ces activités inductives, le traducteur sera dispensé de rechercher le terme dans le dictionnaire et il sera à même de le rappeler aisément.

Comme le souligne Robinson (1997: 246), pour fournir une activité subliminale, le traducteur doit traduire rapidement, mais concernant la détection et la résolution des problèmes à l'aide des analyses linguistiques, culturelles, philosophiques et politiques, il doit travailler lentement. Selon lui, ces deux aspects du processus de traduction doivent être insérés dans la formation.

Dans cette approche, les compétences du traducteur sont étudiées du point de vue psychologique et l'avantage des compétences attitudinales comme l'empathie, la motivation et les capacités d'introspection réside dans le fait qu'elles favorisent l'acquisition des connaissances et la compréhension. De plus, les situations de communication authentiques qui fournissent des expériences concrètes permettent d'améliorer l'apprentissage.

Robinson accorde une importance toute particulière à l'approche fonctionnaliste qui tient compte du public visé, des donneurs d'ouvrage, des spécialistes ainsi que de leurs attentes. Il considère les interactions entre tous ceux qui interviennent dans la traduction comme un élément psychologique et social essentiel. Il insiste donc sur l'ouverture d'esprit du traducteur et sa capacité de se mettre à la place de l'autre pour mieux saisir et traduire le texte et ses éléments stylistiques. Pour lui, le traducteur peut répondre aux attentes du public visé à condition qu'il observe consciemment son environnement social et qu'il développe de l'empathie pour ceux qu'il rencontre. Cela ne s'obtient que quand il se réfère à ses sentiments et à sa propre intelligence émotionnelle, ce qui l'aide à devenir la source de sa propre motivation.

Comme le fait remarquer Chantale Marchand (2011: 54), « *le traducteur acquiert à travers son analyse et son acceptation du caractère unique et de la différence chez les gens, une expérience kinesthésique, visuelle et auditive du vocabulaire, de la terminologie, des idiotismes et des idiosyncrasies qui viendront enrichir sa banque de connaissances linguistiques et son bagage cognitif de traducteur.*»

Sur le plan subliminal, Robinson évoque deux triades de Peirce qui sont instinct – expérience – habitude et abduction – induction – déduction et qui désignent les trois phases du processus de traduction.

Comme il le souligne (Robinson, 1997 : 99), dans la première phase, le traducteur qui ne dispose pas encore de savoir-faire travaille intuitivement et bien qu'il soit « *intimidé par l''ampleur de la tâche* », il s'engage dans la traduction. À mesure qu'il progresse, il peut éprouver les solutions découvertes inductivement dans la première phase. Quant aux motifs, ils émergent de son expérience dans la deuxième phase. C'est dans la troisième phase que ces motifs donnent lieu à des déductions.

Concernant le concept de l'induction, Robinson a recours au cycle *action, réponse, ajustement* (ou prise de décision collaborative) introduit par Weick (1979). Ce cycle se réalise à l'aide des discussions avec des pairs (comme téléphone, rencontres, courriels etc.). Pour Robinson, au lieu de la présentation de l'analyse de règle et de normes, l'introduction de la composante subliminale au contexte d'apprentissage pourrait contribuer largement à la progression de l'apprenant. D'où, peut-être, le titre *Becoming a translator: an accelerated course* accolé à son ouvrage.

Malgré l'importance accordée aux fonctions subliminales, Robinson met l'accent sur la corrélation entre ces fonctions et l'analyse critique. Pour lui, leur réunion donne un caractère ludique à la traduction et brise la monotonie de cette activité et delà favorise la progression du traducteur. (Robinson, 1997: 4).

Au début de chemin de l'apprentissage, l'apprenant doit faire une analyse du texte et utiliser les règles. Il acquiert petit à petit de l'expérience et il les exécute plus naturellement jusqu'ce à ce qu'il les mette en œuvre sans y être forcé en cas de problèmes ou d'éléments nouveaux.

Un examen des approches en pédagogie de la traduction nous permet de dégager les principales propositions pédagogiques avancées par des chercheurs reconnus du domaine.

Comme le fait remarquer Marchand (2011: 56), bien que chacun de ces chercheurs ait sa propre manière de voir l'activité traduisante, ils tendent tous au même but qui consiste à « trouver des moyens pour faciliter l'apprentissage des futurs traducteurs de métier ». Cela revient à dire que la combinaison de leurs propositions pédagogiques rend plus satisfaisant le processus de l'enseignement de la traduction. De plus, ces recherches montrent bien l'aspect multidimensionnelle de la formation professionnelle à la traduction et accordent de l'importance à la traductologie qui établit un lien entre la théorie et la pratique de la traduction.

Références bibliographiques

1. Bahram Beiguy, M. (2009), *L''enseignement de l''expression écrite chez les apprenants iraniens*. Thèse de Doctorat : Langage et parole. Aix Marseille : Université de Provence, p.297.
2. Baker, G.P. (1992), « Incentive Contracts and Performance Measurrement ».
3. *The journal of Political Economy*, 100/3, p.589-612.
4. Ballard, M. (1984), « La traduction relève-t-elle d'une pédagogie ? », dans Michel Ballard (dir.), *la Traduction : de la théorie à la pratique,* Lille, Université de Lille 3.
5. Ballard, M. (1993), « La traduction à l'université, Recherches et propositions didactiques ». Lille, Presses universitaires de Lille, 262 p.
6. Ballard, M. (1998), *Les "Mauvaises Lectures" : Etude du processus de compréhension*, Jean Delisle et Hannelore, Lee-Jahnke (dir.), *Enseignement de la traduction et traduction dans l''enseignement*, Ottawa, Presses de l'Université d'Ottawa, p. 27-47.
7. Bassnett-McGuire, S. (1988), *Translation Studies.* London : Methuen.
8. Beaugrande, E., & Dressler, W.U. (1981), *Introduction to Text Linguistics*
9. London and New York : Longman.
10. Bell, R. T. (1991), « Translation and Translating. Theory and Practice », *Applied Linguistics and Language Study*, Londres/New York : Longman.
11. Berman, A. (1985), « La traduction et la lettre ou l'auberge du lointain », *Les Tours de Babel*, essais sur la traduction, A. Bermanet al. (éd.) Mauvezin, Trans- Europ-Repress.
12. Berman, A. (1995), *Pour une Critique des Traductions : John Donne*, Bibliothèque des idées, coll. « NRF », Paris, Gallimard, 281 p.
13. Bernier, N. (1967), « Société des traducteurs du Québec », *Meta*, 12/4, p.140.
14. Bloom, B. S., & Krathwohl, D. R. (1956). *Taxonomy of Educational Objectives: the Classification of Education goals*. New York: Longmans Green

15.Bourdieu, P. (1982), *Ce Que Parler Veut Dire*, Paris : Fayard.

16.Bouton, M.E. (1984), « Differential control by context in the inflation and reinstatement paradigms ». *Journal of Experimental Psychology : Animal Behavior Processes,* n° 30, p.35-50.

17.Brislin, R. W. (1976), *Translation* : *Application and Research*. New York : Gardner Press Inc.

18.Cammbert, G. (1977), « L'enseignement de la traduction en Belgique ». Fédération internationale des traducteurs, *La traduction, une profession. Actes du VIIIe congrès mondial de la Fédération internationale des traducteurs,* Ottawa, Conseil des traducteurs et interprètes du Canada, p. 239-244.

19.Cary, E. (1963, « Comment faut-il traduire ? », France, Presses Universitaires de Lille.

20.Catford, J-C. (1965), « A linguistique theory of translation ». Oxford University Press, *Language Arts & Disciplines*, 103p.

21.Catford, J- C. (1989), « Translation Shifts », Andrew Chesterman (dir.),

22.*Readings in Translation Theory,* Helsinki, Oy Finn Lectura, p. 70-79.

23.Chaduc, M-T., *et al.* (1999), *Les Grandes Notions de Pédagogie*, coll. « Formation des enseignants, Enseigner », Paris, Armand Colin – Bordas/HER, 332 p.

24.Chesterman, A., & Wagner, E. (2002), *Can Theory Help Translators? A Dialogue Between the Ivory Tower and the Wordface*. Manchester, Angleterre, Northampton, MA: St. Jerome Publishing.

25.Citroën, I.J. (1966), « Targets in Translation Training », *Meta*, 11/4, p. 139-144.

26.Dancette, J-C. (1992), « L'enseignement de la traduction : peut-on dépasser l'empirisme ? », *TTR*, 5/1, p. 163-179.

27.Dancette, J-C. (1994), « Étude analytique et expérimentale des processus de compréhension dans l'activité de traduction ». Lille, Presses Universitaires de Lille, 220 p.

28. Dancette, J-C. (1995), « Organisation conceptuelle du domaine et structure de dictionnaire : l'exemple du commerce de détail », *TTR*, 8/2.
29. Danvers, F. (2003), *500 Mots-Clefs pour l'Education et la Formation Tout au Long de la Vie : 1700 Ouvrages Recensés, 1992-2002.* (2e éd.). Villeneuve d'Ascq, France: Presses universitaires du Septentrion.
30. Delisle, J. (1980), « L'analyse du discours comme méthode de traduction : initiation à la traduction française de textes pragmatiques anglais. Théorie et pratique ». Ottawa, Ontario: Éditions de l'Université d'Ottawa.
31. Delisle, J. (1981b), « L'enseignement de l'interprétation et de la traduction : de la théorie à la pédagogie », *Cahiers de traductologie* no 4, Ottawa, Éditions de l'Université d'Ottawa.
32. Delisle, J. (1984b), « Plaidoyer en faveur du renouveau de l'enseignement pratique de la traduction professionnelle, la traduction : l'universitaire et le praticien ». *Cahiers de traductologie* n 5, p. 291-296.
33. Delisle, J. (1992): « Les manuels de traduction : essai de classification », Jane Koustas (dir.), *La pédagogie de la traduction : questions actuelles*, *TTR*, 5/1, p. 17-47.
34. Delisle, J. (1993), « La traduction raisonnée. Manuel d'initiation à la traduction professionnelle de l'anglais vers le français ». (1e éd.). Ottawa, *Ontario*: Presses de l'Université d'Ottawa.
35. Delisle, J., *et al.* (1999): *Terminologie de la Traduction/Translation Terminology/ Terminología de la traducción/Terminologie der Übersetzung*, coll. « FIT », vol. 1, Amsterdam/Philadelphie, John Benjamins, 433 p.
36. Delisle, J., & Université Saint-Joseph (Beyrouth Liban). École de traducteurs et d'interprètes de Beyrouth (2005). *L'Enseignement Pratique de la Traduction.*
37. Beyrouth, Liban; Ottawa, Ontario: École de traducteurs et d'interprètes de Beyrouth; Presses de l'Université d'Ottawa.

38.D'hulst, L. (1990), « Cent ans de théorie française de la traduction ». *De Batteux à Littré (1754-1847)*. Lille: Presses Universitaires de Lille.

39.Echeverri, A. (2008). *Métacognition, Apprentissage Actif et Traduction: L'Apprenant de Traduction, Agent de sa Propre Formation*. Accessible par ProQuest Dissertations & Theses. (AAT NR53536)

40.Fiolà, M. (2002), « Aptitudes, compétences et critères d'admission aux programmes de traduction, dans la traduction : des idées nouvelles pour un siècle nouveau ». Selected Proceedings, World Congress of the International of Translators, Vancouver. *FIT*, p.110-114.

41.Fiolà, M. (2003), « Prolégomènes à une didactique de la traduction professionnelle ». *Meta,* 48/3, p. 336-346.

42.Fiolà, M. (2003), *La notion de programme en didactique de la traduction professionnelle : le cas du Canada.* Thèse de doctorat : Traductologie. Paris: Université Paris III – Sorbonne Nouvelle, ESIT, p. 368.

43.Fraser, J. (1993), « Public accounts: using verbal protocols to investigate community translation ». *Applied linguistics,* 14/4, p.325-343.

44.Fraser, J. (1995), « Professional versus student behaviour », Cay Dollerup et Vibeke Appel (dir.), *Teaching Translation and Interpreting 3,* Amsterdam/Philadelphie, John Benjamins, p. 243-250.

45.Gambier, Y. (1986), « Théorie/Pratique: Une fausse alternative-pour un concept dynamique de la traduction », *Applied Linguistics*, 14/4, p. 325-341.

46.Gémar, J-C. (1992), « Former des formateurs de traducteurs pour le XXIe siècle. Pour un stage intégré et francophone de traduction », André Clas et Hayssam Safar (dir.), *L''environnement traductionnel : la station de travail du traducteur de l''an 2001*, coll. « Universités francophones », *Sillery*, Presses de l'Université du Québec, p. 349-356.

47.Gémar, J-C. (1996), « Les sept principes cardinaux d'une didactique de la traduction », *Meta: journal des traducteurs/Meta: Translators Journal,* 41/3, p. 495-505.Gentzler, E. (2001), *Contemporary Translation Theories*. (2e éd.). Clevedon, Angleterre; Toronto, Ontario: Multilingual Matters.

48. Gile, D. (1992), *Basic Theoretical Components in Interpreter and Translator Training,* Amesterdam : John Benjamins.

49. Gile, D. (2005). *La Traduction : la Comprendre, l'Apprendre*. Paris, France: Presses universitaires de France.

50. Goffin, R. (1971), « Pour une formation universitaire 'sui generis' du traducteur ». *Meta*, 16/1, p. 57-68.

51. González Davies, M. (2003), *Secuencias. Tareas para el aprendizaje interactivo de la traducción especializada*. Barcelone, Espagne: Octaedro-EUB.

52. González Davies, M. (2004), *Multiple Voices in the Translation Classroom*, Amsterdam, Hollande: John Benjamins.

53. Gouadec, D. (2003), « Position paper: Notes on Translator Training ». Dans A. Pym, C.

54. Gouadec, D., & Association française de normalisation. (1989), *Le Traducteur, la Traduction et l'Entreprise*. Paris, France: AFNOR.

55. Gouadec, D. & Collombat, O. (2000), *Formation des Traducteurs : Actes du Colloque International, Rennes 2 (24-25 septembre 1999)*. Paris, France: La Maison du dictionnaire.

56. Gravier, M. (1967), « Peut-on former des traducteurs techniques ? », *Babel*, 13/2, p. 73-76.

57. Guidère, M. (2008), *Introduction à La Traductologie : Penser la Traduction : Hier, Aujourd'hui, Demain*. (1e éd.). Bruxelles, Belgique: De Boeck.

58. Hansen, G. (1999), « Probing the process in translation: methods and results». *Copenhagen studies in language,* p. 24.

59. Holmes, J. S. (1977), « Translation Theory, Translation Studies, and The Translator », Fédération internationale des traducteurs, *La traduction, une profession. Actes du VIIIe congrès mondial de la Fédération internationale des traducteurs,* Ottawa, Conseil des traducteurs et interprètes du Canada, p.

55-61.

60. Horguelin, P. (1975), « Les sociétés professionnelles : vingt ans d'activité »,

61. *Meta*, 20/1, p. 75-79.

62. HOUSSAYE, Jean (1988) : *Théorie et pratiques de l'éducation scolaire I : Le triangle pédagogique,* coll. « Exploration », New York, Peter Lang, 267

63. Hurtado Albir, A. (1999), *Enseñar a Traducir: Metodología en la Formación de Traductores et Intérpretes*. Madrid, Espagne: Edelsa.

64. Israël, F. (1990) : « Traduction littéraire et théorie du sens », Marianne Lederer (dir.), *Étude Traductologiques en Hommage à Danica Seleskovitch*, coll. « Lettres modernes », Paris, Minard, p. 29-43.

65. Jääskeläinen, R. (1998), « Think-aloud Protocols ». Dans M. Baker (Dir.), *Routledge Encyclopedia of Translation Studies* (pp. 265-269). Londres, Angleterre: Routledge.

66. Kelly, D. (2005), *A Handbook for Translator Trainers: a Guide to Reflective Practice*. Manchester, Angleterre: St. Jerome Publishing.

67. Kiraly, D. C. (1995), *Pathways to Translation: Pedagogy and Process*. Kent, OH: Kent State University Press.

68. Kiraly, D. C. (2000), *A social Constructivist Approach to Translator Education: Empowerment From Theory to practice.* Manchester, Angleterre: St. Jerome Publishing.

69. Kiraly, D.C. (2003). « Summary of discussion on: Collaboration, Teamwork and Group Work ». Dans A. Pym, C. Fallada, J. R. Biau & J. Orenstein (Dir.), *Innovation and Elearning in Translator Training* (pp. 51-57). Tarragone, Espagne : Universitat.

70. Koller, W. (1989), Equivalence in Translation theory. *In* Chesterman, I. A. (ed.)

Reading in translation theory. Loimaa : Finn Lectura.

71.Kônigs, F. (1996), « Processus mentaux étudiés chez des sujets allemands apprenant le français lorsqu'ils sont en train de traduire ». *Meta,* 41/1, p. 7-25.

72.Ladmiral, J-R. (1979), « Traduire Théorèmes Pour la Traduction », Petite Bibliothèque Payot, n° 366. *Revue Philosophique de la France et de l''Etranger,* 162, p. 385-386.

73.Ladmiral, J-R. (1984), « Pour la traduction dans l'enseignement des langues, 'version' moderne des humanités », dans Michel Ballard (dir.), *la translation à la pratique*, Lille, Université de Lille 3.

74.Ladmiral, J-R. (1994), *Traduire : Théorèmes pour la Traduction*, coll. « Tel », 246/2, Paris : Gallimard.

75.Langevin, L., & Bruneau, M. (2000), *Enseignement Supérieur : Vers un Nouveau Scénario*, coll. « Pratiques et enjeux pédagogiques », Issy-les-Moulineaux, ESF éditeur, 128 p.

76.Lang, M. (1992), « Translating and Interpreting Programs: A Scottish Example », ERIC Document Reproduction Service, No. ED347854.

77.Lavault-Olléon, É. (1998), *La traduction comme négociation*, coll. « Enseignement de la traduction et traduction dans l'enseignement », Ottawa, Presses de l'Université d'Ottawa, p.79-95.

78.Lavault-Olléon, É. (1998), « Traduction en simulation ou en professionnel : Le choix du formateur », *Meta, 43*/3, p.364-372.

79.Lederer, M. (1994), *La Traduction Aujourd'hui : le Modèle Interprétatif.*

80.Vanves, France: Hachette.

81.Legendre, R. (2005), *Dictionnaire Actuel de l'Education*. (3e éd.). Montréal, Québec: Guérin.

82.Létafati, R., & Sarrafan, A. (2009), *Les Théories de la Traduction (les problèmes de la traduction des textes littéraires persans en français).* Téhéran : SAMT

83.Levy, J. (1989), « Translation as a decision process », *readings in translation theory,* chesterman (ed.), p.37-52.

84.Loiola, F. A., & Tardif, M. (2001), « Formation pédagogique des professeurs d'université et conceptions de l'enseignement ». *Revue des sciences de l'éducation, 27*/2, p.305-326.

85.Lörscher, W. (1989), « Models of translation process: claim and reality ».

86.*target* 1, pp. 43-68

87.Lörscher, W. (1991), *Translation Performance, Translation Process, and Translation Strategies. A Psycholinguistic Investigation*, Tübingen: Gunter Narr.

88.Lörscher, W. (1992a). « Process-Oriented Research into Translation and Implications for Translation Teaching », *TTR*, 5/1, p. 145-161.

89.Lörscher, W. (1992b), « Investigating the translation process », *Meta*, 37/3, p.426-439.

90.Lörscher, W. (1996), « A psycholinguistic Analysis of Translation Process », *Meta,* 41/1, pp.26-32.

91.Maingueneau, D. (1991), *L''Analyse du Discours,* Paris: Hachette supérieur.

92.Marchand, Ch. (2011), *De la pédagogie dans les manuels de traduction : Analyse comparative des manuels anglais-français publies en Amérique du Nord et en Europe depuis 1992*, Mémoire de Master : Traduction. Montréal : Université de Montréal, p. 168.

93.Mirzaebrahim Tehrani, F. (2011), « Les instruments du traducteur », *Etudes de langue et Littérature françaises,* 2/1, p. 105-113.

94.Moirand, S. (1982), *Enseigner à Communiquer en Langue Etrangère*, Paris: Hachette.

95.Mounin, G. (1955), *les Belles Infidèles*, Paris: Cahiers du Sud.

96.Neubert, A. (1981*), Translation, Interpreting and Text Lingguistics*, Karl-Marx University.

97.Neubert, A. (1989), « Interference between languages and between texts », in interfrenz in der translation, H. Shmidt (ed), p. 56-64.

98.Neubert, A., & Shreve, G.M. (1992), « Translation as Text », Kent, Ohio, The Kent State University Press, *Translation Studies,* n°1, 169 p.

99. Newmark, P. (1982), « The translation of authoritative statements: a discussion », *Meta*, 27/4.

100. Newmark, P. (1988), *Approaches to Translation,* Hertfordshire: Prentice Hall.

101. Nida, E. (1969), *The Theory and Practice of Translation.* Leiden: Brill.

102. Nida, E. (1979): « Translations and Translators », *Babel*, vol. XXV, no 4, p.

103. 214-215.

104. Nord, C. (1988), *Textanalyse und Übersetzen : theoretische Grundlagen, Methode und didaktische Anwendung einer übersetzungsrelevanten Textanalyse.* Heidelberg, Allemagne: J. Groos.

105. Nord, C. (1991b), *Text Analysis in Translation. Theory, Methodology, and Didactic Application of a Model for Translation-Oriented Text Analysis*, traduit de l'allemand par Christiane Nord et Penelope Sparrow, Amsterdam/Atlanta, Rodopi, 250 p.

106. Nord, C. (1996a). « El error en la traducción: categorías y evaluación ». Dans A. Hurtado Albir (Dir.), *L'enseðanza de la traducciñn* (p. 91-103). Castelló de la Plana, Espagne: Universitat Jaume I.

107. Ozeroff, L. (1979), « Are Translation Born? » », *Babel*, n°25, p. 11-12.

108. Pergnier, M. (1981). *Théorie Linguistique et Théorie de la Traduction. Meta*, 26/3, p.255-262.

109. Pergnier, M. (1993), « Les fondements socio-linguistiques de la traduction », édition remaniée, Lille, Presses universitaires de Lille, 282 p.

110. Pym, A. (1993), *Epistemological Problems in Translation and Its Teaching. A Seminar for Thinking Students*, Calaceit: Caminade, 160 p.

111. Pym, A. (1997), *Pour une éthique du traducteur* , coll. « Traductologie

»/« Pédagogie de la traduction », Ottawa/Arras, *Artois Presses Université*/Presses de l'Université d'Ottawa, 160 p.

112. Reiss, K. (1976), *Text Type and Ubersetzungsmethode Der Operative Tex : Hartmann"s contrastive Textology.* London: Longman.
113. Reiss. K. (1976), *Textty und Ubersetzungsmetbode. Der operative Text,* Kronberg : Scriptor.
114. Renfer, Ch. (1992), « Translator and Interpreter Training: A case for a Two-Tier System », in Dollerup and Loddegaard (eds), p.174-184.
115. Richterrich, R. (1985), *Besoins Langagiers et Objectifs d"Apprentissage.* Paris :Hachette.
116. Roberts, R. (1981), « Translation: An Act of Communication », *Bulletin of the CAAL,* Autumn, p. 151-163.
117. Roberts, R. (1984), « Compétences du nouveau diplômé en traduction », *Traduction et Qualité de langue,* Actes du colloque, Société des traducteurs du Québec/Conseil de la langue française, Québec, Editeur officiel du Québec, p. 127-184.
118. Roberts, R. (1985), « University Education and Professional Skills », *Proceedings of the National Symposium on Linguistic Services held in Ottawa, October 9-12,* Secretary of State, p. 343-352.
119. Robinson, D. (1997), *Becoming a Translator: an Accelerated Course.* London, Angleterre; New York, NY: Routledge.
120. Schmit, C. (1966), « The Self-Taugh Translator », *Meta*, 11/4, p. 123-126.
121. Séguinot, C. (1989), « Understanding why translatolrs make mistakes ». *TTR*, 2/2, p. 73-81.
122. Seleskovitch, D. (1995), « La recherche et la pédagogie comme fondements des métiers de traducteurs et d'interprètes ». Marie-Christine Aubin (dir.), *Perspectives d"avenir en traduction/Future Trends in Translation,* Winnipeg, Presses de l'Université de Saint-Boniface, p. 13-24.

123. Seleskovitch, D. (1999), « De la pratique de l'interprétation à la traductologie », in Lederer Marianne et Israël Fortunato (eds) *La Liberté en Traduction*, Paris, Didier Erudition, p. 289-299.

124. Seleskovitch, D., & Lederer, M. (1984), *Interpréter pour Traduire*, Paris : Didier Erudition.

125. Snell-Hornby, M. (1988). *Translation Studies: An Integrated Approach.*

126. Amesterdam : John Benjamains.

127. Snell-Hornby, M. (1992), « The professional translator of tomorrow : Language Specialist or All-round Expert ? » in Dollerup, Cay & Anne Loddegaard (eds).p. 9-22.

128. Steiner, G. (1975), « After Babel : aspects of language and translation ». *Oxford University Press.* (Ier éd.), p.520.

129. Tardif, J. (1997), *Pour un Enseignement Stratégique. L''Apport de la Psychologie Cognitive*, coll. « Théories et pratiques dans l'enseignement », Montréal, Les Éditions Logiques, 474 p.

130. Tatlion, C. (1986), *Traduire. Pour une pédagogie de la traduction*, coll. «Traduire, Écrire, Lire », Toronto, Éditions du GREF, 178 p.

131. Tirkkonnen Condit, S., & Laukkanen, J. (1996), « Evaluations: A key towards understanding the affective dimension of translational decisions ». *Meta,* 41/1, p. 45-59.

132. Valentine, E. (1996), *Traductologie, traduction et formation: vers une modélisation de la formation en traduction- l „expérience canadienne*. Thèse de doctorat : Linguistique. Montréal: Université de Montréal, p. 277.

133. Valentine, E. (1998), « Perspectives d'optimisation de la formation du traducteur

134. : quelques réflexions ». Zélie Guével et Egan Valentine (dir.), *Traduction et langues de spécialité. Approches théoriques et considérations pédagogiques*, Québec, Centre international de recherche en aménagement linguistique, Université Laval, p. 3-23.

135. Van Dijk, T. A., & Kintsch, W. (1983), *Strategies of Discourse Comprehension*. New York: Academic Press.

136. Van Hoof, H. (1986), *Petite Histoire de la Traduction en Occident.* Paris: Duculot.

137. Vigner, G. (1984), *L"Exercice dans la Classe de Français.* Coll. F, Paris: Hachette.

138. Vinay, J.P. (1959), « Peut-on enseigner la traduction ? », *Journal des Traducteurs,* p. 141-148.

139. Vinay, J. P. (1975), « Regards sur l'évolution des théories de la traduction depuis vingt ans ». *Meta,* 20/1, p. 7-21.

140. Vinay, J. P., & Darbelnet, J. (1958), *Stylistique Comparée du Français et de l'Anglais : Méthode de Traduction*. Paris, France: Didier.

141. Widdowson, H. (1981), *Une Approche Communicative de l"Enseignement des Langues*, Paris: CREDIF/Hatier.

142. Wilss, W. (1977), *Ubersetzungswissenschaft-Probleme und Methoden*, Stuttgart: Klett.

143. Wilss, W. (1982), *The Science of Translation.* Stuttgart : Gunter Narr Verlag Tubingen.

144. Wilss, R. (2008). *Übersetzungstheorien : Eine Einführung*. (5e éd.). Tubingue, Allemagne: Gunter Narr.

Printed by Books on Demand GmbH, Norderstedt / Germany